自閉症スペクトラム障害の性支援ハンドブック

SEXUALITY AND SEVERE AUTISM

A PRACTICAL GUIDE FOR PARENTS, CAREGIVERS AND HEALTH EDUCATORS

障害が重い人のセクシュアリティ

ケイト・レイノルズ 著
森 由美子 訳

クリエイツかもがわ
CREATES KAMOGAWA

Copyright © Kate E. Raynolds 2014
First published in the UK in 2014 as Sexuality and Severe Autism
by Jessica Kingsley Publishers Ltd
73 Collier Street, London, N1 9BE, UK
www.jkp.com
All rights reserved
Printed in Great Britain

はじめに

　私は10歳の息子のことが常に心配です。小さい頃に重度自閉症と診断され、まだことばの遅れはずいぶんあるものの、確実に成長・発達が見られ、中度の自閉症と言われるまでにはなりました。しかし、息子の周りの人に対する意識、自分の感情を認識したり伝えたりする能力、社会で生きていくために必要なスキルには大きな遅れがあります。

　本書では、自閉症や知的障害を抱える子どもたちが、かなりの高い割合で、性的虐待の被害者になったり、加害者になっていることを説明しています。私たちが、このような子どもたちをつい甘やかしてしまうことで、かえって子どもを弱く傷つきやすい状態にしているにもかかわらず、私たち自身は子どもを守っていると信じてしまっていることに問題があります。その結果、子どもが性的虐待の被害者になってしまうこともあるのです。

　また、子どもたちが加害者にならないようにするためには、成長に伴って知るべき世の中のきまりごとや、公私の行動の区別、自分に対する意識、他人に対する意識、適切に人と触れ合うこと、その他の必要な事がらを、わかりやすい方法やお手本を通して、子どもに教えることが大切です。

　長い目で見てこの先、子どもがどれだけ成長するのか、私たちにはわかりません。自閉症の子どもは決まった手順に頼る傾向があり、すでに小さい時に、その決まった手順を身につけていることも多いため、その習慣を大人になってから変えることは難しく、不可能とすら思えるほどです。私たちの日々言動は、子どもたちの今後の成長に影響を与えることも多いでしょう。

　私は、重度自閉症の子どもたちのためにこの本を書きました。そして、性教育をいつの時期に行うべきなのか、その内容をどのように話したらよいのかについて述べました。また、いわゆる「問題行動」と言われる社会的規範から外れた行動をしがちな青年・成人自閉症者の親御さんにも役立つ情報を取り入れました。

　自閉症の子どもをもつ親御さんは、孤独を感じたり憂鬱な気分に陥ったりすることがあります。子どもに難しい行動があるために、家に閉じ込められているような気持ちにさえなり、それによって社会や家族とのつながりにも影響が出てき

ます。どうしたら子どもを、特に公共の場で、上手に行動させるかといった強いプレッシャーの下に常に置かれているような感じです。私たちの生きる社会は、「違い」を直ちに受け入れてはくれません。特に、性に関する行動に対してはなおさらです。子どもの性に関する問題に取り組む上で、事前に知っておくとよい情報を、この本を通して得ていただければ幸いです。

　本書の中で紹介するほとんどの情報や研究は、知的障害や知的発達の遅れがある人たちのデータに基づくものです。さらに詳しく言うと、重度自閉症についての文献はほとんど存在せず、性や重度自閉症に関する親御さんへの情報も乏しいのが現状です。

　家庭によって、それぞれ信条や文化、宗教などの違いがあります。子育ての方法や個性にもまた違いがあり、それが子どもの成長に直接影響を及ぼします。片親かどうか、きょうだいがいるかどうか、といった家庭の状況によって、親が何を選択するか、どう決断するかといったことにも影響が出るでしょう。これらすべての要因が合わさって、家庭内の事情や問題を複合的につくりあげているといえるのではないでしょうか。各家庭のニーズに対する答えを、本書が直接提供することはできません。私はただ、性と重度自閉症を取り巻く、よく目にする問題を広く知っていただき、それに取り組むための方法や役に立つアドバイスを提供したいという思いでこの本を執筆しました。

　本書のための情報収集を行う中で、自閉症の子どもに性について教えることが大切だときちんと理解している教育の専門家たちに会うことができました。ただ残念ながら、そういう人たちはまだ多数派ではないので、自閉症の子どもへの性教育をどのように、そして、優先的に何を取り組むか、大きな意味で適切な性教育とはどうあるべきか、考え直す必要があると私は痛感しています。

　現在の状態では、私たちの重度自閉症の子どもたちは、学校で最低限の性教育しか受けられないまま卒業していくことになります。これは、個人の幸福のためだけでなく、社会の幸福のために、徹底的に改革されるべきことであると考えます。望まない妊娠をはじめ、性的弱者や性的虐待者を無意識につくりあげてしまうことなどの問題に、私たちはしっかり向き合う必要があるのです。

　性的同一性、性の健康、性的関心は、障害や困難の有無にかかわらず、すべ

ての人間がもつものです。しかし、重度自閉症の子どもの親、「介助者」である私たちは、性に関して子どもにいつ、どのように、どういった内容で教えたらよいのかを知るための情報、そして、その入手方法や支援を得られないままでいることが多いのが事実です。2011年、親や介助者のために開催された性に関する研修会に参加しました。その時、私たちがこれまでやっていたことは、私がHIV感染症(エイズ)関係の仕事をしていた1990年代中盤に一般の人たちに向けて行っていた手助けとまったくといってよいほど同じ類のものだったことがわかり、驚きました。多くの基本的な質問に対する答えが存在せず、人々のニーズに全然きちんと対応できていなかったのです。

　自閉症の子どもの親は、たとえば、子どもが公共の場でマスターベーションをしてしまうといった問題を解決するための支援を必要としているから、これらの研修会に参加するのです。性に関する研修会でよく質問として挙がる、強制的な不妊手術が他国で当たり前に行われているのかどうかなど、その時点では大きな問題ではないのです。この性に関する支援の分野には「専門家」がほとんど存在しないと常々感じていますから、障害支援の「専門家」と話し合っても答えは得られないと思います。ごく普通の性に関する支援に対する実践的な答えを見つけるために研修会に来ているのです。子どもが「うんち」をあちこちに塗りたくる時、こういうことで悩んでいるのは自分だけではない、子どもがこれらの行動をしないように、適切な行動ができるようにするために、いろんな方法があることを知ることが必要です。

　本書では、紹介する専門用語の意味を明確にするために、自閉症スペクトラム障害の最も重症の部類に入る難しい行動をとる人たちのことを「重度自閉症者」と記述しました。このことを自閉症児者の親たちと話し合ったところ、ほとんどの人たちが重度自閉症という概念をはっきりと理解していました。オーストラリアの学術論文には「知的障害」という用語が、またイギリスでは「学習障害」という用語が広く使われる傾向にあります。

　障害を説明するのに広範囲を意味することばが必要な場合や、単に重度自閉症に関する研究結果がない場合は、私もこれらの用語を使うことがあります。「非自閉症スペクトラム」の人たち「定型発達児」などと表現しているところは、自

閉症スペクトラム障害ではない人たちのことを表しています。

　私は、子育てをする立場から子どものことを論じていますので、時には幼い子どものことを話したり、またある時は成人になった「子ども」のことを取り上げたりしていますが、前後の文章からどちらを意味しているのか、おわかりいただけることと思います。

　「自閉症児の母親、父親、両親」というのは、自閉症スペクトラム障害の子どもをもつ親御さんたちのことを意味します。「介助者」とは、重度自閉症者の世話をする人たち全般を指しています。「保健教育に携わる人（保健教育者）」は、教師、社会医療従事者、作業療法士、その他の医療関係者、そして、親といった心身の健康に関する事がらを学ぶ手助けをする人たちのことを指します。

　本書は、基本的には親御さんに向けて書かれたものの、重度自閉症者に関わるすべての保健教育に携わる人たちにも大いに役立つ内容となっています。自閉症児の親御さんが、日常生活で直面する問題に取り組むためのヒントを本書から得ていただければ何よりです。実践的な方法として紹介している部分は、たとえ場面が異なっても、そのまま、または調整して使っていただけることでしょう。

　第7章では、教育や社会医療に携わる人たちが直面する問題について触れており、これらの専門家たちの見方を親御さんたちにも知っていただきたいと考えています。親や保健教育者が一体となり、重度自閉症の人たちの性に関する一貫した支援が充実していくことを願っています。

自閉症スペクトラム障害の性支援ハンドブック
── 障害が重い人のセクシュアリティ　　　　　　　　　Contents

はじめに　　　　　　　　　　　　　　　　　　　　　　　　　3

第1章　障害が重い人の性をめぐる背景　　　　　　　　11
[1] 性とは？　　　　　　　　　　　　　　　　　　　　　12
[2] 重度自閉症とは？　　　　　　　　　　　　　　　　　14
[3] 心の理論　　　　　　　　　　　　　　　　　　　　　16
[4] 考えられる状況　　　　　　　　　　　　　　　　　　17
[5] 親の考え方　　　　　　　　　　　　　　　　　　　　22
[6] 一人で子どもを育てる親（シングル・ペアレント）　　25
[7] 異性の親による支援　　　　　　　　　　　　　　　　27
[8] 権利擁護　　　　　　　　　　　　　　　　　　　　　28
[9] 性的な生き物としての子ども　　　　　　　　　　　　32
[10] 社会的圧力　　　　　　　　　　　　　　　　　　　34
[11] 知的障害の歴史から性について考える　　　　　　　36
[12] 教育、健康、福祉サービスに関する法律　　　　　　38
[13] 性的虐待　　　　　　　　　　　　　　　　　　　　40

第2章　性教育のポイント　　　　　　　　　　　　　　45
[1] 性の権利　　　　　　　　　　　　　　　　　　　　　46
[2] 重度自閉症児の性の周期　　　　　　　　　　　　　　48
[3] 性について語り合う　　　　　　　　　　　　　　　　50
[4] 自己の意識　　　　　　　　　　　　　　　　　　　　56
[5] 自己決定　　　　　　　　　　　　　　　　　　　　　63

[6] 人との関係の輪	68
[7] 友好関係	73
[8] 公私の区別	75
[9] 家庭のきまり	80
[10] 睡眠に関する取り決め	82
[11] 人に対する尊重心	86
[12] 人に対する尊重心を身につけるための練習	88
[13] 性行為	89
[14] 不安	99

第3章　男の子と男性　101

[1] 体の変化	102
[2] 徐々に起こる変化について伝える方法	103
[3] 他に教えておくべきこと	104
[4] 体の部位	108
[5] 思わぬ時に自然に勃起してしまったら	113
[6] 性的倒錯	115
[7] 薬物と性行為	115
[8] お金を出しての性行為	116
[9] 公衆トイレの使用	117

第4章　女の子と女性　121

[1] 体の部位	122
[2] 月経	128
[3] 月経との付き合い方	130
[4] 衛生管理	133

[5] 性交とは何か?	134
[6] 妊娠	135
[7] 避妊	135
[8] 不妊手術と妊娠中絶	136
[9] 乳房検診	136
[10] 子宮頸がん検査	137
[11] 公衆トイレの使用	138

第5章　適切な行動　　141

[1] マスターベーション	144
[2] 不適切に他人を触る	153
[3] 公共の場で服を脱ぐことについて	154
[4] 合意のない抱擁（ハグ）	156
[5] 不適切な行動	157
[6] 問題行動	166

第6章　正しくないことが起きた時　　171

| [1] 信頼できる大人のネットワーク | 172 |
| [2] 拒絶への対処の仕方 | 173 |

第7章　ずっと続く将来のために　　183

[1] 学校で性教育を行うことの難しさ	184
[2] 学校での事前対策となる性教育	187
[3] 支援者に関する問題	201
[4] 性行為に対する合意	206

| 5 | 性の探求は保障されるべき―まとめにかえて　211

付録1　自閉症スペクトラム障害の定義　215
付録2　自己受容感覚　217
付録3　てんかん　217
付録4　性的虐待の事例を判断する手順（新しい提案）　219
参考資料　221
References（参考文献）　228
訳者あとがき　234

第1章
障害が重い人の性をめぐる背景

この章では、本書の全体像を紹介します。世間一般の人たちの態度や考え方によって、重度自閉症児の環境は左右されます。そして、その子たちが社会的、性的にすくすくと育っていくかどうかにも大いに関係します。本章では、重度自閉症の子どものもっている能力が大変多様であることに触れながら、本書の中で多く使われることば、「性と重度自閉症」とは何かについてお話します。

　重度自閉症児が権利としてもっている性的な行動をとれるかどうかは、実際に生活している社会の状況が直接影響します。また、親の価値観や考え方が子どもにとてつもなく大きな影響を与えることから、重度自閉症児と周りにいるさまざまな人びととの付き合い方の違いについても説明します。

　知的障害の歴史を簡単に触れたところでは、知的障害児が束縛から解放されるという意味で顕著な進展がみられるものの、自分の性を表現をする上では、まだ苦労している事実がおわかりいただけることでしょう。

[1] 性とは？

　性とは、性行為、性別の役割、性的感情の表現や空想にふけることから、同性同士の関係までといった、いろいろな定義が含まれ、幅広い、また複雑な概念を含みます。性のすべての側面は、社会や社会構造といったものに影響を受けると言えます。

　次に挙げる性の側面は、実感の湧かない内容かもしれませんが、WHO（世界保健機構）が2004年に出した性に関する記述です。

▷ 生きる上で、すべての人間に不可欠である
▷ 性別、性同一性、性の役割、性的指向、性欲、快楽、親密な関係、生殖を含む
▷ 考え、空想、願望、信条、態度、価値観、行動、実践、役割、関係などの中で

経験され、表現される
▷ 生物的、心理的、社会的、経済的、政治的、文化的、倫理的、法律的、歴史的、宗教的、精神的な要因が相まって影響を受ける

　チソット（Tissot, 2009）は、「個人の性」についてより詳しく説明し、「その人がどの性に属するか」を意味する言葉として「性の同一性」という表現を使っています。

▷ 性的指向：「空想、愛着、願望」は実際に行動として、現れたり現れなかったりする（ローマン：Laumann, 1994; ライター：Reiter, 1989）
▷ 性的嗜好：性的に魅力を感じる対象（人）
▷ 性の役割：世の中での社交規範、行動規範
▷ 個人の性：性をどのように解釈し、表現するか

　性の発達は複合的な要素からなり、そこでは対人関係能力やコミュニケーションがきわめて重要です。
　親や介助者は、重度自閉症者に対して「性」を語ることなど不適切に思うかもしれませんが、ゲラールド（Gerhardt, 2006）は次のように反論しています。
　性とは、根本的に、ただ単に人間の一部なのである。したがって、自閉症スペクトラム障害の人たちに対して、性についての話し合いや指導を避けるという態度は、事実上、人間性を暗黙のうちに否定したことになり、これは受け入れがたい（ゲラールド：Gerhardt, 2006, p.1）。

　チソット（Tissot, 2009）は、次に挙げる要素が、青年期の性同一性の発達を左右すると述べています。

▷ 社会の姿勢
▷ その人が自閉症スペクトラム障害のどのあたりに位置しているか、また根底に知的障害があるかどうか

▷ 親や主となる介助者の考え方
▷ 本人の考え方
▷ プライバシーに関わる行動を指導する上で制限がないか

　満足のいく安全な性体験、無理強いや差別、暴力のない環境と同様に、性や性的関係に対する肯定的、尊重的な姿勢があってこそ、健全な性が実現するのです。

［2］重度自閉症とは？

　自閉症スペクトラム障害（Autism Spectrum Disorder: 以下、ASD）は、国際統計分類（International Classification of Diseases, WHO, 1992）やアメリカの精神疾患の診断・統計マニュアル（Diagnostic and Statistical Manual, American Psychiatric Association, 2000）に分類されており、目に見える行動によって医学的に診断され、完治することのない神経学的な障害と説明されています。今のところ、診断を下すための科学的根拠を示す身体的、遺伝学的な検査法はありません。ASDは対人コミュニケーション能力における遅れ（言葉の遅れなど）、対人関係における遅れ（自分自身の「行動計画」に従うなど）、社会生活における創意、想像力の欠如（同じ行動をずっと長く続けるなど）によって特徴づけられます（巻末215頁、付録1）。
　診断に際しては、一通りの基準にしたがって子どもを採点していく、子ども用自閉症診断スケール（Childhood Autism Rating Scale: CARS）という評価手段を使うのも一つの方法です（ショプラー、ライカー、レナー：Schopler, Reicher and Renner, 1986）。最終的に出た点数によって、自閉症かどうか、軽度から重度までのどこに位置するかを判断し、自閉症と他の発達障害との区別も明らかにします。自閉症の子どもを「精神年齢」で見ようとする傾向があります。これは一般の人々にはわかりやすい指標なのかもしれません。しかし、成長の一部には

著しい遅れが見られるものの、他の部分では高度な能力をもつ子どももいる自閉症という障害に、この指標はあまり用をなしません。

「精神年齢」というのは、親や教育・介助者の考えによって影響を受けることがあります。つまり、子どもがある年齢に「留まったまま」で、大人がいつまでもその子どもを幼子のように扱ったり、依存的な子どもとして容認したりすることで、その子どもが成長し性的に大人になるチャンスの扉を閉ざしてしまうことだってあるのです。

イギリスでは100人に1人がASDと診断され（ベアード他：Baird et al., 2006）、アメリカでは88人に1人と言われています（疾病管理予防センター：Center for Disease Control and Prevention, 2012[*]）。ASDと診断された人の約70％が知的障害をもち、約半分の人たちの知能指数は50以下です（アメリカ精神医学会：American Psychiatric Association, 2000）。

実際イギリスの状況を見てみると、自閉症児の10人に7人が知的障害ももち、5人に1人は知能指数が50以下とのデータが出ています（平均知能指数は85から114）。子どもによっては査定に使われる道具や方法に十分対応できないため、一人ひとりの状況を正確に判断することは難しいと言えます。もちろん、重度の自閉症は、対人コミュニケーション能力が著しく遅れていることも特徴です。

自閉症スペクトラム障害という大きな傘の中には、次の項目を含みます[**]。

- 自閉症[***]
- アスペルガー症候群
- レット症候群
- 小児期崩壊性障害
- 広汎性発達障害〜他の亜型（PDD-NOS：自閉症の診断基準に症状が完全にはあてはまらない場合）

---

[*] 2018年に同センターが出した統計結果では、「59人に1人」となりました。
[**] この分類はDSM-IV（1994）による「広汎性発達障害」が基準となっており、2013年に出されたDSM-5ではこの基準が大きく変わりました。
[***] がついているカテゴリーは、知能レベルがより低く、知的障害を伴うといった傾向がより強く、本書で述べる重度の自閉症者は、主にこのカテゴリーに分類されます。

[3] 心の理論

　心の理論は、デイヴィッド・プレマックとガイ・ウッドラフ（David Premack and Guy Woodruff）によって最初に論じられました（1978）。それによると、人間は、他人の欲求や考えといった心の状態を理解する能力をもち、その結果、人がどのような行動をとるのかをある程度予測できるとしています。心の理論を十分にあてはめることのできる人もいれば、発達上、認知上の障害によって、この能力が不足している人たちもいます。「共感」は心の理論の一部で、人の感情に関わることです（プレマック、ウッドラフ：Premack and Woodruff, 1978）。

　ASDの人たちには心の理論の欠如が見られるため、意味のある対人コミュニケーションを図ることが不得手で、したがって、人がどのように考え、感じ、行動をするのかをなかなか理解できません。重度自閉症児は、人と関わる時に想像力が欠けているため、人がどう感じるか、どう反応するかを予測したり、過去の経験に基づいて、次に何が起こるかを見積・想像したりすることができないのです（ウィング：Wing, 1981）。決まりきった型に沿って、または衝動的に行動をすることも多いのです。

　大きく言うと、性とは、自分と他人との感情のやりとりであり、それは人とのコミュニケーションや関係を通して学んでいくものです。通常、会話などの人とのやり取りを通して、社会の規則や適切な行動を学びます。自分一人で、または人と一緒に、練習、実験、経験といったものを通して形づくられるもの、それが性の本質なのです。

　心の理論を性の話にあてはめて考えると、自閉症者が性的に成長するには、かなり難しいものがあります。自閉症の特徴にもあるように、彼らは人とうまく関わることができないからです。自閉症者の性的発達に遅れが見られるもう一つの見逃せない理由があります。それは、障害者の性に対する社会の姿勢です。さらに言うと、親の姿勢も自閉症者が人との関係をうまく築く機会をもてるかどうかに直接影響を及ぼします。次の項では、このような事がらについて述べていきましょう。

［4］ 考えられる状況

1 親の深い悲しみ

①予想していなかった人生

　研究数が最も少ない自閉症の分野の一つは、親の嘆き悲しみに関してです。自分の子どもが自閉症だとわかった時、必ずと言ってよいほど、親のどちらかは悲しみに暮れます。それは、自分のそれまでの体験やこれから先の人生を考えた時、子どもに対する希望や計画を失ってしまったような気がするからです。就職、結婚、そして、子どもをもつといった、人生で起こりうる大きなできごとが、自分の子どもにはおそらく経験できないだろうと思い、途方に暮れます。子どもが男の子の場合は「父親」、女の子の場合は「母親」になってほしいと考えるのは親として当然でしょう。自閉症のような、長期にわたる神経的なものが原因と言われる障害が、その希望を打ち砕いてしまうのです。
　それ以上に、診断を受けたことで、親としての役割が根本から変わってしまうことがあります。子育てについて考えた時、子どもを自立させ、次は祖父母として子どもに関わり、その後、老いたり病気に見舞われたりした段階で、すっかり大人になった自分の子どもから援助してもらう、といった人生の周期というものがあります。しかし、そういった親の期待や希望が否応なしに傷つけられ壊されるために、このような筋書き通りにいかない人生を考えると嘆き悲しむしかないのです。親のその先の人生は、これまでまったく予想もしなかった、選んでもいなかった方向に変えられてしまいます。そして、その人生を自分では変えることができないと感じ、この選択肢の乏しさに無力感を覚えるのです。
　自閉症の特徴の一つに変化や変更にうまく適応できないということがありますが、子どもの日常がしかるべき予告もなしに変えられる時、子どもは難しい行動や動揺した感情を示します。しかし、非自閉症スペクトラムの大人や子どもも、自分の意思や選択を伴わずに起こった変化、特にこの先ずっと変わることのない変化を好まないものです。

②夫婦関係への影響

　子どもに診断がついたことで、両親の関係にそれまでにはなかったストレスがかかり、夫婦の関係まで難しくなってしまうことがあります。診断を受けた直後、自閉症の子どもをもつ親の婚姻関係は、非自閉症スペクトラムの子どもをもつ親に比べると、高い割合で解消されるという研究結果があります。非自閉症スペクトラムの子どもをもつ親の場合、子どもが8歳以降になると子どもの親への依存が減り、親の負担が減り、それまでの夫婦関係を立て直したり再燃させたりすることができます。これは、たとえ結婚生活でうまくいかないことがある場合でも、このような過程を夫婦は密かに認識することが多いようです。

　重度自閉症児の親の場合、この点がかなり深刻です。彼らの将来は、ずっと子どもの依存状態が続き、夫婦間にもたらされるストレスと苦悩を引きずることになります。この長期にわたる状況が、自閉症児の親の結婚生活を壊してしまうのです。非自閉症スペクトラムの子どもをもつ親は、一番下の子どもが8歳に達してしまうと離婚の割合が減るのに対して、自閉症の子どもをもつ親の離婚の割合は、ずっと同じままであるという調査報告もあります。実際、自閉症の子どもがいる家庭は、そうでない家庭に比べて離婚総数が多く、60％以上が離婚に至ると言われています（自閉症に対する大きな望み：Ambitious About Autism: AAA, 2013）。

③「悲しみ」から抜け出すために

　キュブラー・ロス（Kübler Ross, 1969）は、末期癌に対する悲しみの過程について研究しました。各段階における感情を分類し、そのパターンは直線的ではないものの、最終的には多くの患者が、自分についた癌という診断を受け入れる段階に達することがわかりました。この段階分けは悲嘆カウンセリングの中で実際によく使われており、「取り残された」人たちが、死を取り巻く感情をコントロールし、愛する人のことを忘れないと思える段階に進めるようになり、それでいてもう一度、生きていこうという気持ちにもなることができるということです。

　キュブラー・ロスの初期の研究以来、悲嘆についての再調査が行われ、離婚、失業、両親の喪失といった、人生における他のできごとにもこの考えがあてはめ

られました。悲嘆カウンセリングを受けているクライアント（患者）は悲しみの一つの段階から抜け出られないことがあり、患者が悲しみの過程を通過していく手助けをするのが、カウンセラーの役目の一つです。

　子どもに医者の診断がついたことで、この先の人生にずっと影響を及ぼすことがわかった時の親の悲しみは言うまでもありません。以前エイズのカウンセラーをやっていた立場として、エイズの患者さんに対する継続的なカウンセリングや定期的な専門家の指導を含めた包括的な支援がない状態など、とても考えられません。イギリスでは、心のケアがほとんどないまま、子どもが自閉症であると親に言い渡し、インターネットや国立自閉症協会（National Autistic Society）などに助けを求めるよう薦めるといった傾向があるのが事実です。

　多くの自閉症児は、主に薬の処方をしてもらうなどという継続的な治療をお医者さんから受けることがあまりなく、いろいろな問題が起きた時には、さまざまな領域の専門家たちの紹介状をいちいちもらわなければなりません。心のケアというと、精神科医やセラピストといった専門家集団に任されているようですが、何か危機が起きた時、つまり子どもの行動が手に負えないほど大変になったり、家族が極度に緊張を強いられたりした時にだけ、そういう人たちが関わっている印象を受けます。この時点で、子どもも家族もかなりつらい体験を積み、そのパターンができ上ってしまっているため、たとえ、そこで精神科領域の専門家から助言を受けても、その状態からなかなか抜けられません。家族が極度な緊張状態を強いられる前に、子どもにとって最も基本的、かつ必要な助けを先取りして行うことこそ、効果的な支援だと言えるでしょう。

　イギリスの自閉症法（2009）では、地域で自閉症の専門家チームをつくることを推奨していますが、この本を執筆した段階では実際にはまだ具体化されておらず、自治体の財政状況によって各自治体まかせとなっています。自閉症に関するウェブサイトは、親御さんの悩みを懸命に取り上げていますが、その多くは家庭外で受ける効果的な支援によって軽減されるとしています。つまり、教育的施設（保育園、幼稚園、学校）、医学的助言（巡回保健師、かかりつけ医、自閉症相談員）、セラピスト（作業療法士、言語療法士、社会福祉士）などがそれにあたります。もちろん、お金で雇っている支援要員も含まれます。反応はさまざまですが、お

金で雇うような専門家とは違う一般の人たちや遠い親戚の人たちによる支援もよい選択かもしれません。

　悲しみを和らげるための緊急的、または継続的な心のケアが得られない場合、子どもを「喪失」したような気持ちになり、長期にわたって嘆き悲しむことがあります。診断を受けた後、何年にもわたって悲しみを引きずることもよくあります。多くの自閉症児の親御さんたちは、怒りやうつの段階で悲しみから「抜けられない」状態にあることを、カウンセラーである私は何度も見てきました。親は悲しみの最中にいて心のケアが得られない時でも、子どもの将来に関する決断を下さなければならない状況に置かれています。特に子どもが小さい時には、その決断が重要で、その時に受けた効果的な教育、療育上の助言によって、その後の人生が大きく好転することもあるのです。

2 罪悪感

①社会の風当たり

　子どもが障害児であるがゆえに抱く感情の中で、もっとも口に出せないものの一つに、罪悪感があります。非自閉症スペクトラムの子どもに危険人物だと思われてしまうような子どもを産んでしまったことへの責任を感じたり、後悔の念を抱いたりすることがあるのです。子どもの遊び場がますます限られてしまうことで、そのような思いが増し、非自閉症スペクトラムの子どもが外、または誰かがそばで監督していない状態で遊んでいることに恐怖感を覚えます。

　親は、社会で味わう脅威、つまり、いじめや搾取、人間関係をだらだら意味もなく続けたり、または終わらせられたりといった実生活での強い風当たりから子どもを守ろうとします。この先にあるつらいできごとに立ち向かうために、子ども自身が成長し、問題に対処する術を身につけられるよう、困難な状況を通過しているのだと子どもに言い聞かせている前向きな親御さんもいます。しかし、そうでない親御さんは、子どもの生活をさらにコントロールし、子どもの心の成長や自立した人間になるための過程を妨げる傾向にあります。子育てをする中で、自分の子どもが自閉症で、特により重度であるとわかった時には、そのような親

の傾向は強くなります。

　より弱い立場の自閉症児に対する暴力沙汰が、マスコミで取り上げられる時などは、子どもを守りたいという親の気持ちが特に高まるでしょう。罪悪感とは、他の子どもと比べてできることの少ない自分の子どもについて、「悩み苦しむ」ことに気づいた時に出る親の心の奥底からの反応なのです。自閉症の症状そのものが、自閉症児の寿命を縮めるというわけではないので、親は、子どもが自分たちよりも長生きする可能性が高いという事実を受け入れなければなりません。このことを受け止め、自分たちがこの世にいなくなった時、または子どもの人生をきちんと見守ってやることができなくなった時のために、子どもをなるべく自立させ、安定した支援体制を整えてやろうとがんばる親御さんもいます。一方で、子どもが、親切ではなく世話の行き届いていない世界でずっと他人のお世話になるのだと考えて罪悪感を募らせ、子どもの将来を憂いて慢性的なうつ状態に陥る親御さんがいるのも確かです。

　「障害の」子どもをもつことに対する社会の評価が、親の罪悪感に影響を与えることもあります。もちろん他の要因も関係しますが、遺伝的に見て、一家族に自閉症児が二人以上いることも多く、そのような場合、一人目の時に「これ以上同じ苦労を背負うべきではないと学んだはず」なのに、結局また子どもをつくり、その結果、また障害児を産んだのかと世間から思われてしまう場合があります。実際には、自閉症という診断は2～3歳で、高機能自閉症の場合はもっとあとの年齢になってからつくことが多いので、最初の子どもに自閉症という診断がつく頃には、次の子どもがすでに生まれている可能性は高いのです。

②きょうだい児に対する罪悪感

　親は、きょうだい児に対しても罪悪感を抱くことがあります。それは、親が自閉症の子どもに完全にのめり込んでしまい、きょうだい児との必要な時間をつくったり、きょうだい児に目を向けたりすることができないと感じるからです（ヘンダーソン：Henderson, 2012）。きょうだい児が「普通の」家庭生活を送れないこともあります。

　自閉症の子どもが家にいるために、友だちを家に連れてこられなかったり、片

方の親が常に自閉症の子どもの世話をしなければならないため、家族ぐるみの行事にはいつももう片方の親しか参加できなかったりします。さらに、きょうだい児には重度自閉症のきょうだいに対する責任がのしかかり、それが将来にも大きく影響するため、それが親の罪悪感や苦悩の根源となることがあります。イギリスには、ヤング・ケアラース（Young Carers）というきょうだい児への支援団体が存在します（巻末の参考資料）。

③遺伝との関係

　自閉症児の親は外の世界を見ることで罪悪感をもつことがあり、何が原因で子どもが自閉症になったのか、それに対して自分たちはなぜ無力なのかを探ろうとしていることを私はお伝えしたいのです。研究の分野では、自閉症スペクトラム障害は、おそらく両親の遺伝子がすべての症例の基礎として考えられているかもしれませんが、実際はいろいろな要因によって起こるとされています。多くの親は、自閉症の原因が遺伝子に関係しているという部分で反論したいでしょう。このことは科学的に立証されていないのですから。親は、最も前向きなカウンセリングなどの方法を通して、自分の気持ちと向き合わない限り、遺伝によるものだと考えて罪悪感を募らせる一方になります。

［5］ 親の考え方

1 親の影響

　子どもの成長の場となる家庭環境は、親の考え方によって決まることが多いようです。自閉症の有無にかかわらず、子どもは家庭で経験した「人とのけじめのつけ方や関係」「社会の決まり」などを自分の中に吸収していきます。もし、人との付き合い方にあまり区別をつけない、またはけじめが明確ではない環境の中で育ったら、あるいは暴力や性的虐待のある家庭に育ったら、子どもの性に対す

る理解はゆがんだものになることでしょう。

　子どもが自閉症であるかどうか、自閉症の場合はスペクトラムのどこに位置しているかに関係なく、親が直接発信する情報は、親自身の経験や知識から生まれます。親が子どもの発達を性差を踏まえてどのように支えていくかは、宗教的、文化的信条が強く影響します（カイザー：Kaeser, 1996; マーフィー、ヤング Murphy and Young, 2005）。特に、多くの文化圏でいまだにタブーとされている同性愛に関してはこれがあてはまり、重度のコミュニケーション障害がある人たちは、他の人たちに比べて同性愛者が少ないなどと勝手に解釈することは、まったく道理にかなっていません。

　アイルランドで行われた知的障害者の支援者たちを対象とした研究では、知的障害の人たちが恋愛関係を結ぶ権利をもっていると思っている人がほとんどであったのに対し、双方合意の上で同性との関係を結ぶことに同意したのはわずか42％でした（家族計画協会、公衆衛生協会：Family Planning Association and Public Health Agency, 2010）。

2 じわじわ伝わってくる情報をもたない子どもたち

　1960年代以来、性教育に関する情報がより手に入りやすくなっているにもかかわらず、多くの親御さんは、性について子どもと話そうとしません。非自閉症スペクトラムの子どもは、性について親と話すよりも、仲間から知識を得ようとするでしょう。しかし、自閉症の子ども、特により重度の子どもは、仲間から「じわじわ伝わってくる情報」を通して学ぶ能力を持ち合わせていません。その理由の一つは、仲間自身も似たような状況に置かれているからです。

　「じわじわ伝わってくる情報」というのは、観察やボディーランゲージなどのあいまいな社交上の合図を通して得るものですが、それはまさに重度自閉症児に欠けている部分なのです。その代わりに、体の部位名、性的機能に対する理解から性行為に関わる過程、性行為の後にもたらされる結果、好ましくない経験、虐待をどのように認識して報告するかといったことまで、すべて明白で詳細な指導を必要とします。このように書くと、特にこのような問題に対処するための知

識や自信を十分に備えていない親御さんは、すっかりプレッシャーを感じてしまうでしょう。性について切り出すことに不安をもっていたら、自閉症の子どもが体を洗ってもらったり、洋服を着せてもらったりしている時に性に目覚めた場合、どうなるでしょう？　状況は悪化し、親や世話をしている人たちはただ動揺することでしょう。

　障害のある子どもは、各々の認知レベルによっても違ってきますが、親や世話をしてくれる人たちと自主的に関係を築く機会がほとんどありません。たとえ人と交わるような場所にいても、重度自閉症児は社交能力を発揮する機会が与えられない傾向にあるようです。つまり、人との集まりで、親や支援者が遠くから見守っていても、飲み物を頼むことを促されたり求められたりする機会がなく、他の子どもと一緒に放っておかれたりするといった状況です。

　私の経験から言うと、この傾向は自閉症の子どもが青年期に入るにつれて増し、子どもの社会的、認知的発達の可能性は望めないものとして親があきらめてしまっているのです。公の場での経験を十分に積んでいないことから、この時期に到達するまでに、多くの親は疲れきっているか、または、ただ単に何でも子どもに代わって行う癖がついてしまっているかのどちらかです。

3 親の気持ち

　親が重度自閉症の子どもに性について教えようとする時、子どものお兄さんやお姉さんをあてにすることがあります。これは難しい問題を伴う可能性があります。私が過去に会ったことのある女性（シングルマザー）は、上の息子に、重度自閉症の弟に対して性の話をしてほしいと頼んだのです。その母親は、自分がその手の話をするには力不足だと思ったのでそのようにしたのですが、彼女自身、自分の母親からも性については何も教えてもらっていなかった上、男性との性関係も非常に少なかったそうです。それでいて、その母親は、上の息子が下の息子にどのような情報を与えているのか、その情報がどのように伝わっているのか、また、それを下の息子がきちんと理解しているのかも全然わかっていませんでした。彼女としては、自分がやらなくても、学校か「誰か他の人」が、率先して子

どもに性のことを教えてくれるだろうと期待していたのです。

　ある研究結果を見ると、親は、性にどう取り組むかを子どもに教える責任を負っていると感じているようです。他の情報やサービス同様、利用できるものは何が何でも手に入れなければならないと、ずばり言ってのける親たちもいます（ガーバット：Garbutt, 2008）。自閉症の子どもや青年は、人間関係を学ぶための積極的な支援や教育が利用できない場合、テレビドラマや映画といったマスコミを通じて情報を収集することになります。また、インターネットを通して、ポルノのサイトを見つけることもあります。

　これらの情報源について考える時、自閉症の人は、その情報がどのくらい正しいのか確かめることができない点、また自分が目にした行動がよいものなのか悪いものなのか、さらには適切なのかを見極めるために、そこに登場する人物がどのようなことを考えているのかを人と話し合えない点が難しいと言えます（ガーバット：Garbutt, 2008; マックケイブ：McCabe, 1999）。自閉症の子どもは、劇的、時に暴力的な内容に満ち溢れるメロドラマから得た情報を基にして、人との関係をゆがんだ形で理解してしまう恐れがあります。

　重度自閉症の子どもをもつ親が一番心配することの一つは、妊娠です。昔は知的障害の女性は避妊手術を強制されたという事実がありますが、今日多くの欧米諸国では、知的障害の女性の子どもを産む権利は守られています。実際、避妊には避妊手術の必要がないほど多くの選択肢があり、女性の記憶力や認知的能力に頼らずにすむ避妊注射などといったものもあります。避妊によって性欲は減退しないということを、親御さんたちは理解しておくとよいでしょう。

[6] 一人で子どもを育てる親（シングル・ペアレント）

　自閉症の子どもをもつシングル・ペアレントのほとんどは女性で、その多くは離婚によるもので、子どもの身体的な親権は母親に与えられる傾向があります。市民パートナーシップ法（2005年にイギリスで施行された、男女の夫婦関係とほ

ほ同等の権利を同性の二人の関係に対しても認める法律）の中でも同様のことが書かれています。皮肉なことに、自閉症スペクトラム障害の子どものほとんどが男児で、自閉症の子どもの男女比は４：１、そして重度の子どもの割合がより多いと言われています。ここには、女児だけに現れると言われるレット症候群を含みません。

　最終的に、片親が異性の子どもの世話をすることになり、そこで性に関する問題は何よりも深刻化します。もし、子どもの父親が生きていて暴力の心配がないのであれば、離婚した夫婦間にいかなる個人的な問題が存在しようとも、子育てには父親に入ってもらうべきだと、一人で子どもを育てるお母さんたちに私はいつもお話しします。父親が子どもの身体上の親権をもっているのであれば、私は同じように助言するでしょう。同性によるお手本、つまり男児に必要な「男性らしさ」、女児に必要な「女性らしさ」のお手本を見せることは、子どもが対人スキルを伸ばす上で非常に大切です。

　男性と女性は社会の中で違う働きをし、それぞれの行動や態度をもって子どもを教育します。一般的に見て、母親や女性の介助者は、子どもをより丁寧に躾け管理しようとするのに対し、父親や男性の介助者はよりゆったりと構え、活動そのものに焦点をおくことが多いようです。そして、子どもはそれぞれの親とともに、違う経験を積んでいくのです（ウィルソン他：Wilson et al., 2009）。重度自閉症の子どもは、長期にわたっていつの間にかじわじわと学ぶのではなく、特に家の中では、お手本となる人を繰り返し観察しながら学ぶ傾向をもっています。

　片親家庭であることから、いつも世話をする人の行動が、より大きく、より長期にわたり影響を及ぼします。自閉症児の母親としての私の経験から、一つ例を挙げます。子どもの性別に関係なく、非自閉症スペクトラムの子どもの場合でも、ここまでは「受け入れられる」とされる年齢を超えて、自閉症の子どもを長年にわたって母親のベッドで寝かせている事例が結構あるのです。結婚している状態、つまり大人の男性もベッドに寝ている場合には、この傾向は減ります。子どもが母親のベッドに寝ることが当たり前になったら、夫婦関係を大きく損ねることになり、男性はたいていあきらめて別のベッドで寝てしまうでしょう。母親はただ子どもに優しくしているつもりでも、夫との夫婦関係を悪化させることは明

らかです。母親は疲れきって、夫との性行為に応じたくないものの、経済的、身体的、道徳的、心理的に援助が必要なため、夫を頼るといった状況があります。

　子どもが母親のベッドで寝ることを長期にわたって認めていると、子どもにとってよいことはありません。自閉症の子どもは決まった手順を好み、変化に対してほとんど病的といえるほどの恐怖感を抱き、激しく抵抗を示します。したがってこのような子どもは、大人と寝ることは「よい」という考えを固めてしまうでしょう。この習慣を変えることが大変というだけでなく、ある大人と寝ることは「よい」が、他の人とはだめだということが理解できないために、他の人からの性的虐待の危険にさらされる可能性が増すことが何よりも問題なのです。このように躾けてしまったことが、将来の性的虐待のきっかけになることもあるのです。

　もう一つ、伸ばしておくとよい子どもの大切なスキルは、トイレです。一人で男の子を育てる母親にとって、難しいと感じる部分です。立ったまま用を足す方法や公衆の男子トイレを使う際のマナーを父親が息子に具体的に教えることは、大変重要な事がらの一つです。男児の母親の場合、その子どもを女性トイレに連れていき、一緒に個室に入って用を足すことが多いようです。子どものコミュニケーションが著しく遅れている場合、特にその傾向は強いようです。親は障害者用のトイレを使いたいと思っても、故障していたり、単にそのようなトイレが設置されていなかったりします。自分で公衆トイレを使うスキルを身につけ、誰からも監視されずに用を足す習慣をつけ、性的虐待にもあわずにきちんとトイレから出てこられるようにすることは、子どもの将来の安全や幸せのために非常に重要なのです。

[7] 異性の親による支援

　多くの自閉症者は何かを学習するのに長い時間がかかり、より複雑な問題が絡む場合は、完全にマスターするまでに、基本的なことを繰り返し練習する必要があります。性教育もその一つです。

母親が親としてふさわしくない、または死亡したなどの理由で、父親が大人になった娘の世話をする場合、娘の他人への依存度がかなり高いと、父親に大きな影響がもたらされます。離婚率の増加に伴い、父親が決まった週末に家で娘の面倒を見なければならないことも多々あります。もちろん、母親は息子を見て、父親が娘の世話をするといった、いろいろなシナリオが考えられます。

　母親が子どもに、夢精や勃起といった男性の性に関する話を完璧に行うのは、自分が経験していない、また、単に恥ずかしいといった理由で、難しいかもしれません。父親が娘に生理について話すことも、自分自身が経験したことがないし、自分はそれを話すのには適さない、居心地が悪いといった気持ちから、難しいでしょう。父親も母親も自分たちの親からそれなりの性教育を受けてきたかもしれませんが、異性の性に関することまでは触れられていない可能性があるので、十分な情報とは言えないでしょう。性に関する問題をオープンに話さないように躾けられてきた可能性すらあります。

　子どもを「教育」するためにつくられた、体の変化や出産に関する映画やテレビ番組を使うことも一つの方法ですが、十分な準備や心の支えがないまま行うと、子どもを怖がらせかねません。そして、そのような不安が自傷行為につながることもあります。

[8] 権利擁護

1 障害者に対する偏見

　障害に関する法律や社会政策ができたことで、個人の権利が保障され、新しい支援サービスが受けやすくなりましたが、性や性関係の問題はまだなおざりになっているのが現状です。知的障害の人たちの役割に対する「偏見をなくそう」としようとしてきた教育の分野でも同様で（ガーバット：Garbutt, 2008; ウルフェンスバーガー：Wolfensberger, 1972)、性や性関係に対する「偏見」は何ら変わっ

ていません(ガーバット:Garbutt, 2008; シェークスピア、ジルスピー・セルズ、デーヴィス:Shakespeare, Gillespie-Sells and Davies, 1996)。それどころか、性や性関係に対して最も前向きな反応を示さない親たちの中では、親密な関係をもつことは、危険かどうかという尺度でのみ考えられています。

2 親による過保護

この点は研究によって確認していく必要がありますが、より重度の自閉症児をもつ親は、知的障害の子どもの親と同じように、定型発達の子どもよりもさらに障害をもつ子どもを守ろうと思ってしまうのは当然のことでしょう。このような過保護について、ホロモッツ(Hollomotz, 2011)は次のように述べています。

> 親の過保護とは、子どもの発達や能力のレベルを考慮した結果、不相応な、親の保護を意味する。それは、行き過ぎた身体的接触、関わり方、長期にわたる幼児化、自立行動や社会性の成熟への積極的な制限、そして、過度の親の管理によって特徴づけられる(ホロモッツ:Hollomotz, 2011, p.44)。

過保護という状況は、(実際、または想像上の)危険から自閉症の子どもを守りさえすれば、罪悪感を感じずにすむといった間違った思い込みから来ているのかもしれません。自分の子どもに自閉症という重荷を課してしまったことを償っているとも解釈できます。しかし実際は、過保護にすることで、重度自閉症の子どもが虐待に遭う可能性を広げているのです。子どもは、いろいろな人生経験を積んだり、教育を受けたりする機会がなかったら、起こるかもしれない虐待に対して準備をすることすら学べません(ホロモッツ:Hollomotz, 2011)。

社会学者のタルコット・パーソンズ(Talcott Parsons)は「病人の役割」を定義し、人間というものは、自分の体の具合が悪い時に、このような社会的で決められた役割を受け入れるのだと主張しました(パーソンズ:Parsons, 1951)。つまり、病気の人たちは正当に雇われていないし、病気があるために仕事以外の社会的役割を果たしていて、その状況は本人たちにはコントロールできないと見な

されているといった考えです。同様に、そのような人たちには、医療上の支援を得たり、医学的治療や助言にしたがって、快方に向かうために診察を受けながら、決められた方法で行動することが求められているのです。

　この考え方は、一般社会に存在する「世話をする人、支援をする人の役割」の中に、親御さんも含まれているという事実に似ています。つまり、障害者を一番身近で支援している人は、障害者が必要としているのだから、お金をもらって働かなくてもよいことを容認しているのです。　イギリスの支援者手当などのように、支援をする人への給付金に関して法律で定めている州もあります。支援をする人は、催し物などの列に並ばなくてよい、また場合によっては料金も支援者割引があるといった、一般社会の規則を守らなくてよい場合もあります。

　社会に対する支援者の義務は、障害がある子どものために医学的、教育的、その他すべての支援を探してそれを活用し、ほかの人たちに障害を理解してもらうために活動することにあるのです。マーシャル、アンダーソン、フェルナンデス（Marshall, Anderson, and Fernandez, 1999）は、次に述べることに対して、親や医療福祉関係者は無意識のうちに同じ思いを抱いていることに気づきました。

> セラピストは自分の先入観に合う情報を無意識に得る。セラピーを受ける人たちは、説明されないまま取り入れられる「セラピーを行う側が期待する治療」にしたがうことになる（マーシャル他：Marshall et al., 1999, p.53）。

　支援者の立場としては、自閉症児を過保護にし、子どもの障害や他人にかけるかもしれない迷惑に対して申し訳ないと思うのが当然で、また、障害者も使える一般の施設を遠慮して使わないという状況もあるでしょう。

3 依存から社会的自立へ

　親は「世話をする人、介助者」と呼ばれることで、周りの人からこれまでとは違う見方をされることがありますが、その責務が重くなればなるほど、周りの人からそれを評価されるようになります。しかし、この状態は自閉症児の人への依

存度をさらに高めます。そして親は、子どもがなるべく自立できるようにする機会を増やしたいと潜在的に考えていたとしても、逆効果でしょう。興味深いことに、親と一緒に寝ている子どもの問題に関して、「あの子が唯一くつろげるのは私たちのベッドなんです」「あの子が落ち込んでいるからベッドに入れてあげたんです」と、たくさんの言い訳を私はこれまで聞いてきました。このような行動を許すことで親は子どもの依存を助長し、このような行いによって子どもを虐待にさらすことになるかもしれないのです。

　自閉症者が幼少の頃、また大人になってからも、具合の悪い時、慣れない環境にいる時に、なかなか眠れないということはよくあります。しかし親は、睡眠の問題は自分たちの手に負えない自閉症の難しい症状の一つだと思い込む傾向があり、他の自閉症児の親から、そのことに関して元気づけてもらったり、ウェブサイトで利用できる自閉症支援の情報を得たりすることで納得してしまうことが多いのです。

　実際、過保護にすることで、自閉症児が社会的に自立するためのスキルを覚えたり、伸ばしたりする機会を台無しにしているのは皮肉なことではないでしょうか。歩いて郵便局に行ったり、喫茶店でケーキ代を自分で払ったりする機会がなかったら、子どもが大人になった時、支援者や親に完全に依存するしかない状況をつくってしまいます。ホロモッツ（Hollomotz, 2011）が行った大きな調査研究では、子どもを危険から過度に保護してしまうと、身の周りの誰かの手によって起こることも多い性的虐待に対する子どもの脆弱性が増すということが明らかになりました（ホロモッツ：Hollomotz, 2011）。

　子どもを過保護にしてしまうと、小さな人間関係の枠を超えて、対人関係を築く機会や経験を限られたものにしてしまうため、子どもは社会でどのような行動が受け入れられ、受け入れられないのかを学べません。また、自ら考えて行動することができない、どこで助けを求めたり、サービスを探したりするのかという情報をもっていないといった理由から、自分自身を守る能力が育たないのです。自分で体を洗える、着替えができるといったことも、非常に大切です。依存性を寄生させてしまうと、過保護によって、子どもがますます弱くなっていく可能性があります。人との関わりを厳しく制限された子どもが、親密ないたわりをも含む人

との関係を学べるはずはありません。

［9］ 性的な生き物としての子ども

❶ 非自閉症スペクトラムの子どもと自閉症スペクトラムの子ども

　非自閉症スペクトラムの子どもは、ある程度の年齢になると性的行為に関わりますが、自閉症の子どもは発達的にその段階に達する年齢が遅くなることも多いため、その行為がより目立ってしまうことがあります。就学前の子どもが、時には公共の場で、自分の体に目覚めたり刺激を与えたりすることはよくあることです（キャバナー・ジョンソン：Cavanagh Johnson, 1999）。自閉症の子どもや青少年にもこのような行動が見られますが、それを思春期、または大人になってから示してしまうと、その行為は性的に挑発していて受け入れがたいと見なされます。

　非自閉症スペクトラムの子どもであっても、自分の子どもの性的な側面を見るのは親にとって複雑なものです（そして、その逆もあり得ます）。子どもが重度自閉症の場合、この感情はさらに強まるでしょう。子どもの経験や親密な関係への糸口をつくる上で、親の態度が影響すると研究者たちは述べています（ジョンソン他：Johnson et al., 2002; ゾロス、マックケイブ：Szollos and McCabe, 1995）。

　重度自閉症の子どもに性や性関係について教えてしまうと、性的行為や性への関心を助長するのではと心配し、子どもがマスターベーションなどの性的な兆候を現すようになった時に、学校だけにその指導を任せてしまう親がいます（チソット：Tissot, 2009）。そのような親は、子どもが受ける性教育に関して学校と連携することには熱心で、受け入れられると感じる行動（手を握る、キスをするなど）についても明白な考えをもっています。しかし、学校には子どもがマスターベーションなどをやらないように指導してほしいと思っているのです（家族計画協会、公衆衛生協会：FPA and Public Health Agency, 2010）。ほとんどすべての性に

関する行為は、多くの親に「心配な行動」として見られているようです。社会的に異常な行動について述べた研究があります。

> 人は、身体的にきわめて危険な状況に置かれたり、行動が著しく制限された結果、一般的な場所に近づくことも許されない状態に陥ったりすると、社会的に異常な行動が、強く、頻繁に、そして、長期間にわたって現れる（エマーソン：Emerson, 2001, p.3, マックヴィリーより引用：quoted in McVilly, 2007, p.7）。

2 重度自閉症児に必要な指導

　重度自閉症児の不適切な性行動がいつも起こるわけではありません。性的に適切な行動を、不適切な状況や場所で見せているだけです。これは、本人が十分に効果的に性教育を受けてきていないことから起こります。しかし、このような行動は法の下では何の言い訳にもならず、公共の場でマスターベーションを行ったり、下半身を露出したりしてしまうと逮捕されてしまうでしょう。これこそが、重度の自閉症スペクトラムの子どもをもつ親が理解しなければならない大事な点なのです。もし、子どもが性関係について学んでいなかったら、自分の行動に責任をもつべき大人に成長していく時に、違法な行動を起こす可能性を広げます。重度自閉症という理由で裁判官は寛大な処置をとってくれるかもしれませんが、不適切な行動を起こした結果として、補導されてどこにも行かないように部屋に閉じ込められたり、ずっと監視されたりすることだってあり得ます。

　自閉症からくるコミュニケーション能力の不足により、性的な状況や周りの状況を十分に理解できず、弱い立場であるという印象を周囲に植えつけてしまいます。さらに言うと、子どもが誰かと最も親密な状況にいて、そこで自分をさらけ出した時、そして、継続的で密接な関わりの中で虐待が起きた時、子どもを危険から守ろうという衝動は、逆にそのような性の問題を拡大することになるのです。

　青年期の子どもが誰かと親密な関係をもってみることも必要なのだと、親はわかっていても、子どもに社会人としての判断力が備わっているのか、子どもが性

に関する問題を実際にどの程度理解しているのかといった不安を抱くのは当たり前です。しかし、たとえコミュニケーション上の問題があったとしても、重度自閉症の子どもに親密な関係や適切な行動、社会のルールをわからせるために、教育をすることは可能です。後の章にも述べる通り、それには理解と勇気、効果的な方法が必要なのです。

[10] 社会的圧力

1 2つの見方

これまで、知的障害者を性的な局面で考える時、2つの相反する見方がありました。つまり、「性とは無関係」「子どものようなもの」（カイザー：Kaeser, 1996；マーフィー、ヤング：Murphy and Young, 2005）、または「障害のない人たちに危険を及ぼす可能性のある集団」（スコット、ジャクソン、バケット・ミルバーン：Scott, Jackson, and Backett Milburn, 1998）として見られていたのです。

社会では、どのような行動が「正しい」かについてのはっきりした考えが存在し、そこには親密だとは認識されないものも含まれます。そこが重度自閉症児にとってはわかりにくい部分なのです。つまり、自閉症児が、親戚や家族ぐるみの友だちにキスをすることと、恋人にキスをすることを区別することは難しく、まったく知らない人にあいさつとしてキスをすることを適切だと思ってしまう可能性もあります。自閉症児が適切な行動と不適切な行動を理解していない場合、よほどはっきり教えてもらわない限り、他人からのどのような接触が受け入れられ、受け入れられないのかを指導しても意味がなく、性的虐待への可能性をつくってしまうことにもなりかねません。これは、特に公共の場で不適切な行動をとる場合にあてはまります。

2 メディアを通した物の見方

　多くの自閉症者は、簡単に手に入る映像や映画を通して、人の行動を理解しようとします。時代が進むにつれて議論が高まっているものの、古い映画の多くは、男性を侵略的、女性を服従的、または征服される存在という位置づけで異性間の関係を描きました。アメリカ映画の「明日に向かって撃て！」の中で、ロバート・レッドフォードが演じるサンダンス・キッドが、キャサリン・ロスの演じるエッタ・プレイスに向かって銃を向けて「誘いこむ」シーンがありますが、エッタが洋服を脱ぐ時に「続けろ、女教師」と言っているところを見ると、エッタはサンダンスのことを知らなかったものと思われます。このシーンに裸の映像は出ないものの、力関係は簡単に推測できます。他にもたくさんの映画で、女性が男性に無理やり誘いこまれていると思われる、かなり露骨で乱暴なシーンがあります。

　自閉症の子どもがこれらの映画を何度も見て、時には出てくる言葉や話の意味が理解できるまで同じシーンを繰り返し見ることは十分にあり得ます。自閉症の聴衆には「明日に向かって撃て！」のシーンに見られるような奇抜な前戯と実際の暴力との区別がつかないため、男女間の力関係についての一般的な考え方を教えておくことは無駄ではありません。自閉症者の多くが視覚的な補助を使って物ごとを理解するので、映画を見る場合でも、性関係において男性が女性に対して支配的で、男性からの言語的、身体的な暴力が受け入れられるのだと勘違いしてしまう可能性があります。

　自閉症の男性は、正しい性行為には、女性に対して支配的な物の言い方をする「権利」が伴うのだと勘違いすることも考えられます。また同様に、自閉症の女性が、自分たちは性的に従属的、受動的でなければならない、望まない性行為にも応えなければならない、性的な状況に出くわしても自分を主張してはいけないと解釈していたら、それはおそろしいことです。多くの自閉症者にとって、人生は白か黒で、グレーの部分はほとんどありません。したがって、性関係において不平等であるという基礎概念を植えつけてしまうことは大変危険です。インターネット上では、性的な力関係についてあいまいな情報を提供していることが多く、重度自閉症者の多くがコンピューター能力に非常に長けていると言っても、その

ようなことをきちんと理解することは難しいのが現状です。

　私は「フィフティ・シェイズ・オブ・グレイ」というイギリスの官能小説（ジェームス：James, 2011）が爆発的に売れたことに不安を感じます。私が理解する限り、この小説は、性経験のない女性が、年上で暴力をふるう可能性のある男性と性的虐待の関係を結ぶことに納得するという内容なのです。その男性が振りかざす力は、明らかに女性の力を上回っています。しかしこの小説は、性的に刺激的なものとして多くの人に読まれ、受け入れられています。ある人気雑誌では、その刺激が結婚生活の「救い」になったとすら評価されました。この小説が忠実に映画化されてしまった場合、重度自閉症の子どもたちは、ゆがんだ、そして不健康な性関係の見方を学んでしまうでしょう。

　法律こそが、性の不均衡を実証し、男性中心のステージで端役となる女性を減らすことができるのです。ジェームズ・ピクルスという裁判官の、特定の洋服に身を包む女性は性的に誘っていて「それを求めている」という忌まわしい主張を思い出します。また、「いやです」という言葉は、実際「いいです」を意味するのだと多々誤解される点についても考えてみましょう。

［11］　知的障害の歴史から性について考える

　19世紀後半から20世紀初頭にかけて、優生学がブームとなり、知的障害の人は欠陥のある遺伝子をもつため、子どもを産むべきではないとされ、女性や一部の男性は強制的に不妊手術をさせられていました（ハワード、ヘンディー：Howard and Hendy, 2004）。1990年代、イギリスで地域保健医療福祉の方針が紹介されるまでは、多くの重度自閉症者や知的障害者は施設に住み、男女別々にされていました（シンソン：Sinson, 1995）。このような施設で性的関係をもつことは奨励されておらず（ヴァリオス：Valios, 2002）、個人のプライバシーもほとんどありませんでした（シェークスピア他：Shakespeare et al., 1996）。ごく最近になるまで、発達障害の人たちの性は無視され、それが問題として取り上げられることは

なく、覆い隠されていました（ワットソン他：Watson et al., 2002）。

近年、自閉症や知的障害の人々が、性とは無関係で無垢な「永遠の子ども」として見られる傾向がありました（マッカーシー：McCarthy, 1999）。そして「そのような人たちは、認知的に、またコミュニケーション能力に障害があるため、性とは無関係であるという推測」に基づいた考えを煽ることになりました（モリス：Morris, 2001, p.15）。知的障害者は政府の方針の中で「弱みのある立場」と表現され（Department of Health and Home Office, 2000）、虐待、特に性的虐待を受ける可能性が高いとされています。これは、そのように障害のある人が、性的関係を結ぶことを奨励すべきではないと言っていることと同じです。

性と知的障害に関する論議が盛んになり、軽度の障害者が性の同一性（アイデンティティー）をもつ権利が強化されています（エヴェレット：Everett, 2007）。これはイギリス政府の方針に取り入れられており、人格的社会的健康教育（Personal, Social and Health Education: PSHE）を含むイギリスの学習指導要領（England's National Curriculum）でも「性」が取り上げられるようになりました。しかし、重度の自閉症児に対して性教育を取り入れるかどうかは、学校の考えに頼るところが多く、国の学習指導要領に一貫していないのが現状です（子ども、学校、家庭省：Department for Children, Schools and Families, 1990）。

インクルーシブ教育、つまり、これまで特別支援学級で勉強をしてきた障害のある子どもに、通常学級で授業を受けさせようという動きが高まっています。それにより、通常学級での指導が難しくなり、全員の生徒が性教育を受けなければならなくなったものの、それを教える教員がいないという現状があります。

自閉症スペクトラム障害に関する文献には、高機能自閉症やアスペルガー症候群、そしてその人たちの性の同一性について書かれたものが多いようです。しかし、重度の自閉症者についての情報は十分ではありません。このような重度の人たちへの教育もPSHEで触れられていますが、もっと個々の能力によって細かく指導すべきだと私は思います。

性教育はいろいろな面で向上してきたものの、重度自閉症者がさまざまな形の人間関係を学び、対人関係能力を伸ばすための教育や支援はまだまだ不足していると言えます。サービスや支援がころころ変わり、親の考え方や専門家の方針

に頼ることが多いのが現実です。

[12] 教育、健康、福祉サービスに関する法律

　子どもや青少年がこの先、自分のことは自分で決め、自立できるようになるかどうかは、教育、健康、福祉サービスに関する社会政策や法律にかかっています。これまで支援サービスを確立するにあたっては、諮問機関を通して、積極的に支援を受ける本人たちの意見を取り入れてきました（フランクリン：Franklin, 2008）。

　イギリスには、次に挙げるような法律によって、障害もある人たちの自由や積極的な社会参加が支持されています。

▷ 1989年と2004年に施行された子ども法は、子どもを法的にしっかり守るためにつくられ、親と同じように子どもにも権利や意思が与えられ、相談の機会を提供されることが保障されている
▷ 1989年の人権法には、すべての人間の個人生活、家庭生活が尊重される権利が明記されている
▷ 1995年に施行された障害差別禁止法では、知的障害を含むあらゆる障害のある人たちが、家族計画のためのクリニック受診やアドバイスを得るといった支援サービスや物的サービスを受ける上で、同等の権利を有することを保障している
▷ 2005年の障害者差別禁止法は、1995年の同法で扱った支援サービスにとどまらず、地方自治体によって提供されるすべての事がらに適用することを法的に明確にした。障害者が利用しやすいように、建物の入り口など、建築上の構造を変えなければならないと明記していることもその一例である。また、地方自治体に対し、障害者の同等の権利を守るために、どれだけ積極的に動いたかを書類に残すことを義務づけた
▷ 国連が1989年に定めた児童の権利に関する条約や2006年の障害者権利条約で

は、世界的規模で、権利に関することが何度も繰り返し取り上げられている

　障害者自身が、支援サービスを受け、自分のことは自分で決めるといった自主性を積極的にもちたい、またもてるという見方は、次に挙げる方針にも明らかに触れてあります。

　2007年の「障害児のよりよい生活を目指して：家族への支援」には、家族の声ではなく、障害児の声に重きを置くことが何よりも重要であるとはっきり記されています。大蔵省、教育技能省：HM Treasury and Department for Education and Skills, 2007)。学術研究などでは、人間関係や性といった問題には触れず、レスパイト・サービス、特別な配慮、日中に通うプログラムやセラピーといった問題に優先順位をつける計画の段階で、家族が総合的に関わることを勧めていますが、これはきわめて重要なことです（バートン・スミス他：Burton Smith et al., 2009)。

　同じく2007年には保健医療省が「すべてのサービスにおける移行指針：障害者の移行過程に関する専門家への情報」という支援サービスの移行に特別に焦点をあてた文書を発表し、続いて2008年には「移行〜うまく次の段階に進むために」を出し、何を行えば一番よいのかという指針を提供しました（保健省、児童・学校・家族省：Department of Health and Department for Children, Schools, and Families, 2007, 2008)。

　2005年の成年後見法では、性行動や性関係について、その人に決定を下す能力がないと証明されない限りは、自己決定をする力が備わっていると見込んでいる点が意義深いと思います。その人には分別のある決定が下せないであろうという所感だけでは不十分で、その人に決断を下す能力がないことが証明されなければならず、そして、その人が「一番望む」ことをかなえられる人だけが、その決定権をもつことになっています。ここに重きが置かれていることで、知的障害者が自分の性関係に対して選択をするという権利が守られているのです。

[13] 性的虐待

1 小児性愛者による虐待

　18歳未満の男子6人のうち1人、女子4人のうち1人が性的虐待の被害に遭っています（疾病管理予防センター：Centers for Disease Control and Prevention, 2013）。コミュニケーション能力が著しく遅れている自閉症スペクトラム障害者の場合、被害に遭う確率は、障害のない人たちに比べて2倍以上と言われています（マーフィー、ヤング：Murphy and Young, 2005）。先天性の障害のある子どもが被害に遭う確率は、そうでない子どもに比べて、4倍だという研究結果もあります（サリヴァン、ナットソン：Sullivan and Knutson, 2000）。
　自閉症スペクトラム障害の子どもは、小児性愛者による被害に遭いやすいと言われます。小児性愛には次のような特徴があります。

▷ ターゲット──若い年齢層で、女性であることが多い
▷ 被害者の特徴──加害者は、その子どもに性的な魅力を感じる
▷ きっかけ──暴行を加える機会が訪れるかどうかの好機を狙っている
▷ その時の状況──性的暴行を加える前に、暴力や脅しを使う

　自閉症児が被害に遭う場合、2つの状況が考えられます。「格好の餌食」と見られる場合と、対人スキルの欠如により、子ども自身が触られることにオープンであったり、脅されてびくびくしたりしている場合です。いずれにしても性的暴行を加える加害者にとっては非常に魅力的なのです（アメリカ精神科医協会：American Psychiatric Association, 2000）。
　小児性愛者は、相手を攻撃することをよしとし、被害者に対して「よくない」「害を及ぼす」行動をとっているなどは考えていません。そのようなゆがんだ考え方をもつ彼らは、子どもへの乱暴をなんとも思っておらず、むしろ正当化しています（バーン、ブラウン：Burn and Brown, 2006）。小児性愛者は子どもを物とし

て見ていて、彼らにとって、自己刺激行動や繰り返しの行動、固執行動などの「普通の」子どもは見せない行動をとる子どもをターゲットにすることはいとも簡単なのです（ラッセル：Russell, 1998）。

　性的虐待者には2つのタイプがあります。かわいがって撫でまわすタイプと、性的暴行を加える好機をいつも狙っているタイプです（キャヴァナー・ジョンソン：Cavanagh Johnson, 1999）。前者の場合、加害者は、子どもを「招き入れ」、良好な関係を築くために楽しく関わろうとしたり「友情」を前面に出したりしてきます。それは、いずれ暴行を加える時の準備をしているだけです。虐待者は、子どもをかわいがっている間、その子どもが性的暴行に対して、どのような反応を示すかを見定めているのです。言葉を話さない自閉症児がそのような危険な状況を処理することはほとんどできないため、加害者にとって格好の標的となります。

　自閉症の子どもは対人スキルが欠如していて、友だちもあまりいないことから、小児性愛者から「友だち」のように接してもらうと、それが魅力的に映り、これこそが自分の望む友好で、過去には経験できなかったものだと思い込むのです。そして、巧みに操られていることや、この先に待っている乱暴には気づかないのです。性に関することや、適切な行動とは何かといった知識やスキルを持ち合わせていない重度自閉症者は、もし、その状況におかれたらかなり混乱するでしょう。

　このようなことは、自閉症児と関わっていく中で、根本的に押さえておかなければならないポイントとなります。しっかりした自尊心、人との関係における「正しいこと」と「悪いこと」の認識、そして人間関係の輪に対する知識を子どもがもっていれば、小児性愛者の行動に抵抗を示し、被害を防ぐことができるでしょう。

　次に、後者の性的暴行の標的となる子どもを捕まえる好機を狙っている虐待者について触れます。コミュニケーション能力や対人能力の欠如により、自閉症の人たちが危険にさらされる確率はより高くなっています（キャヴァナー・ジョンソン：Cavanagh Johnson, 1999）。支援サービスを提供する人が加害者となることもあります。ゴールドマン（Goldman, 1994）の研究で、性的虐待被害の半数が、障害者サービスで働いていた小児性愛者の手によって行われたものだということが明らかになりました。このことから、施設に入っている自閉症児は、家庭外で

暮らす自閉症児よりも、性的虐待の危険にさらされていると言えます（ゴールドマン：Goldman, 1994）。

2 子どもを守るために

　知的障害を抱え、それによって大きな影響を受け、実際に傷つきやすい状態におかれている子どもを保護するとはどういうことかを、親はとことん理解しておくべきでしょう。人間関係についての知識や経験がほとんどなく、性的関係において何が適切で、何が不適切な行動なのかもわからず、親密な関係の中でどのように力を行使すればよいのかも知らない子どもは、性的に虐待を受けたり、加害者の利益のために性的に利用されたりする危険に大いにさらされています。重度自閉症の子どもが人間関係や友情を経験し、性的関係の中で基本的に何が「正しく」何が「間違っている」のかという知識をもつことを目指せば、かわいがられたり、危険の恐れを隠され続けたりすることなく、自分自身を虐待から守ることができるでしょう。

　皮肉なことに、性的虐待が内々の家族や子どものごく周辺にいる人たちによってなされることも事実です。子どもの人間関係が広ければ広いほど、子どもは自信をもつことができ、性的虐待が起こる危険性も減り、万が一、何か起きたとしても早いうちに報告を受けたり、目星をつけたりすることができます。

　性的虐待に対して弱い立場にある人たちは、住んでいる環境によっても影響を受けます。施設に入っているほうが、危険な社会から子どもを守れると思う親がいる一方で、実は子どもの弱みが拡大する次のような傾向が施設にはあるのです。

▷ 性教育が不足している
▷ 隔離――異性と社交的に関わる機会が不足している
▷ 親密、または親しい友好関係を築く機会が妨げられている
▷ 生活に関して意味のある選択をする機会がほとんどない
▷ 自主性が不足している
▷ 外の世界とのコミュニケーションが不足している

▷ 個性を認めない（ホロモッツ：Hollomotz, 2011）
▷ 権限をもつ人たちとの力関係と、その人たちの考え方と価値観

　アイルランドでの研究（家族計画協会、公衆衛生協会：FPA and Public Health Agency, 2010）で、知的障害者69人のうちのほとんどが、自分の意志とは反して、性教育について話す機会をほとんど与えられていないと感じていることがわかりました。さらに、性関係をもつかどうかを決定する能力が、自分にはあると感じているにもかかわらず、性関係をもつことを職員から禁じられたという事実も明らかになりました。知的障害者が性的関係をもつことを明白に支援する法律があっても、たとえ本人たちが同意をする能力があっても、こういうことが起こるのです。また、障害者がもつ性やそれに関する問題を理解することは難しく、不完全な部分が多く、情報の正確性を調べる人もいないのが現状です。
　学術研究報告の中で、雇われている介助者の多くが、知的障害の人たちには性表現の権利があると答えています。しかし、この人たちの半数が、知的障害者にとって性的関係をもつことは重要ではないと考えているのです。これこそ、本気で取り組む必要のある事がらではないでしょうか。

第2章
性教育のポイント

本章では、重度自閉症児が性の仕組み、避妊、性感染症について学ぶ前に、知っておくべき基礎的な事がらについて説明します。きちんとした知識や能力がなければ、大人になってから、性や健全な性に関する事がらに自信をもって対処できないでしょう。この本の参考文献のページには、本章で学んだことを生かせる多くの情報を紹介しています。小さい頃に築いた学習の基礎は、自己の啓発や自分の安全、地域との結びつきを高める上での礎となります。それをまとめると次のようになります。

- 自己に対する意識
- 自尊心
- 自己決定
- 感情の前向きな表現
- 社会との関わり
- 友情、その他の人間関係

[1] 性の権利

　健全な性をある程度の年齢で獲得し、それを維持していくために、すべての人に対して性の権利が尊重され、守られ、満たされるべきでしょう。知的障害の人たちのために広範囲にわたり活動を行っているマイケル・クラフトとアン・クラフト（Michael & Ann Craft）は、次に挙げる項目が、基本的な性の権利だと述べています（クラフト、クラフト：Craft and Craft, 1987）。

- 成長する権利
- 知る権利
- 性欲をもつ権利と、人との関係を築いたり解消したりする権利

▷ 世話をしてもらっている人の個人的な欲求による性行為から逃れる権利
▷ 虐待から逃れる権利
▷ 人道的で尊厳のある環境をもつ権利

　これを自閉症児にあてはめてみると、自閉症によってどれだけ影響を受けているかにかかわらず、すべての人間は性的な生き物であるのだから、当然、自閉症児もそうであることを直ちに認めなければならないと気づくでしょう。親によっては、道徳的、文化的にこのようなことは受け入れがたいと思うかもしれません。そのような親御さんには、子どもが性的に健やかに発育していくために、少し違う角度で考えていただきたいのです。

▷ 子どもが性的虐待の対象になる危険が極めて大きいという事実（コラー：Koller, 2000）。
▷ 子どもが他の人を虐待するリスクが増加していること（グリーヴ、マックラレン、リンジー：Grieve, McLaren and Lindsay, 2006）。
▷ 子どもが、公共の場所で性的に不適切な行動を取るといったような、性犯罪に巻き込まれる危険性が非常に高いこと（ストークス、カウア：Stokes and Kaur, 2005）。

　子どもがきわめて重度の自閉症で、どんな形の性教育をしても理解できない、参加できないと言われる保護者がいることも理解しています。しかし、そういう子どもは、実は親が思うよりもはるかに発育しているということをわかっていただきたいのです。私の息子が3年前に初めて「典型的な」自閉症と診断された時、施設に入れるべきだと言われました。実際、その年が終わるまでに寮のある施設に入った方がよい、もし7歳までにしゃべらなかったらずっと話すことはないだろうと言われたのです。
　多くの自閉児の親がそうであるように、私も自閉症に関して得られる情報にはすべて夢中になりましたし、母親である私との関係を築き、ゆくゆくはほかの人ともよい人間関係も築けるようになるための、ありとあらゆる教育プログラムを

試してみました。息子がASDではない子どもをお手本にすることのできる、いわゆる通常学校の特別支援学級に入って社会的、認知的な発達が見られ、自閉症児への教育に対する効果を実感しました。息子の言語能力はいまだにかなり遅れており、対人能力、認知能力に極めて限りがありますが、息子の人生に情報、特に社会性に関する情報が与えられる限りは、間違いなく成長し続けるものと信じています。

　子どもを指導し、親が死んだ後に子どもがなるべく自分のことは自分で行いながら生きていけるようにしてやることは必要です。小さい時に子どもの頭の中に植えつけられたきまりやけじめといったものは、青年期、そして、それ以降にも引き継がれます。仮にも親が子どもの性を無視したり、子どもを虐待や法的に許されないことに巻き込まれる可能性をつくったりしているとしたら、子どもにひどい仕打ちをしていることと同じです。

［2］ 重度自閉症児の性の周期

1 思春期の始まり

　重度自閉症の子どもは、知能面や学習面で困難を抱えているものの、ASDではない青少年となんら変わりなく体は発達します。簡単に言うと、思春期は性の周期における一つの段階で、これは知能指数や対人能力に関係なくやってきます。しかし、薬の服用や体の成長における自然な個人差によって、思春期の始まりは人それぞれで、したがって性行動の始まり方にも違いがあります。

　男性ホルモンの影響は10歳くらいから出始め、女子の生理は8歳くらいから始まることを考えると、親は、マスターベーションや生理が始まる平均年齢（12歳）、射精を始める平均年齢（14歳）といった、性に関する明らかな兆候が現れるまで待つのではなく、子どもが小さい時から準備を始める必要があります。

　思春期には、性ホルモンが、性欲やASDではない青少年が抱くのと同じよ

な幻想や感情を引き起こします（ストークス、ニュートン、カウアー：Stokes, Newton and Kaur, 2007）。しかし、気分、感情、性欲における変化は、長かったり、遅れたりすることがあります（サリヴァン、カテリーノ：Sullivan and Caterino, 2008）。またホルモンの影響で、乱暴な行動や自傷行為、感情の爆発（大幅な落ち込み）が増すこともあります（バイロ、ドーン：Biro and Dorn, 2006）。思春期にある自閉症者の約17%に何らかの行動の後退があると言われる一方で、その半分以上が後にその状態から回復し、成長し続けるという研究結果があります（ビルステッド、ギルバーグ、ギルバーグ：Billstedt, Gillberg and Gillberg, 2005）。

2 ASDの人たちの事情

　重度のASDの人たちは、人の反応を理解、認識し、その結果、自らの行動を修正するといった対人関係のバロメーター（指標）をもち合わせていません。対人関係における曖昧な合図に気づいたり、人の見識を考慮したりする能力が欠けているということは、過去の研究で実証済みです（リアルムート、ルーブル：Realmuto and Ruble, 1999）。性行為が気持ちのよいものだとわかったら、ASDの人は他人の気持ちをまったく考えることなく、それにのめりこむ可能性があります（レイ、マークス、ブレイ・ギャレットソン：Ray, Marks and Bray Garretson, 2004）。特にこの点においては、カライヴァ（Kalyva, 2010）が「ASDの人にとって、プライベートな状況とは対照的な公共の場で、どのような行動を取れば適切なのかを判断することが大変難しい」という研究結果を明らかにしました。またその研究では、ASDの人たちが、衛生管理に関する問題も抱えていることがわかりました（カライヴァ：Kalyva, 2010）。
　ASDや知的障害を抱える若者と関わる中で、彼らが自分の障害を知り、その障害が人にどのような影響を及ぼし、ASDではない人たちと自分はどう違うのかを理解したいと強く望んでいることがわかったのです（ハットン、テクター：Hatton and Tector, 2010）。したがって、自閉症について、また、その障害によって、なぜ自分はASDではない人たちと違う行動を取るのかをはっきり説明する教育が必要となります。

子どもが成長するにつれ、親は、子どもが身体的に目覚めることを認識しなければなりません。それによって起きる可能性のある妊娠、性感染症、健康障害などの変化に気づくこと、また、いずれ来る閉経に備え、娘の心の準備を行っておくことも必要です。

［3］ 性について語り合う

　ASDではない若者たちは、体の変化や性行動の仕組み、妊娠など性行為に伴う事がらについて、学校だけでなく、仲間を通した非公式の場で学ぶことができます。イギリスの国のカリキュラムには、後者の事がらが適切に取り入れられています（子ども、学校、家庭省：Department for Children, Schools and Families, 2009）。重度自閉症の若者は、仲間から学ぶ機会が少ないため、性の基本的な知識は、親や支援をする人たちが教えるべきでしょう。

１ 語り合う上で重要なこと

　親が性について子どもに話す上で重要な点を次に挙げます。

- 早いうちに始める
- 性行為について話さなければならないと考える前に、マスターベーションといった具体的な問題を先送りにしない
- コミュニケーション能力の程度にかかわらず、自分たちの子どもが性に目覚めていることは当然だと考えよう

　母親を対象にした研究で、より多く話す子どもは、体の部位や機能に関する知識をもち、公共の場と私的な場での行動の違いを理解し、性教育をある程度受けている傾向が高いという結果が出ている（ルーブル、ダリンプル：Ruble and

Dalrymple, 1993)。したがって、子どもからの反応があまり得られない場合、親が子どもに教える機会も減る可能性がある。しかし、ことばを話さない高機能の自閉症者に書きことばで説明すると、わかっていないかのように見えて、実は内容をよく理解している。このことから、親は、子どもがたとえことばを話さなくても、性について教え続けるべきだ。

▷ 子どもが関わるであろう行動の一環として、性のことを考える
▷ 性に関する特定の情報に取り組む前に、自己、自尊心、自己決定といった感覚の基礎をつくる
▷ 普段からのきまりを適用する。教えたことを強化するために繰り返し、また、毎日の中で違う状況にあてはめながら、一貫性のある、シンプルで明確な情報を提供する。たとえば、家具店に置かれているベッドは、自分のベッドではないので、そこではマスターベーションはできないといったように教える
▷ 明白で視覚的な記号や言語を使い、達成可能な小さな事がらを、機会をつくって繰り返し練習する

　自閉症児の親は、手洗い、衣服の着脱といった「通常の」日常行動を、明確に繰り返し教えることにはたいてい慣れています。自閉症の子どもは、内容を理解するために、まず繰り返し言われることを必要としますが、言われたことを忘れてしまう子どももいるので、情報を伝え続けることが大切です。自閉症の子どもへの性教育については、その延長線上にあるものとして、親を支援するための情報も多く存在します（巻末の参考資料）。
　性について子どもに明確な情報を伝える際、親が、特に異性の親がどのように感じるか、そして親は何を知るべきなのか、といった部分が最も難しいかもしれません。多くの場合、性教育は学校で行われ、さらには友だちから情報を得ることも多いため、多くの親は、まさか自分が将来、子どもに性教育を行うことなど予想もしていなかったと感じるようです。子どもとそのような会話をすること自体を不適切だと思ったり、心の準備ができていないと感じたりする親御さんもいますし、中度から重度の自閉症児に性について正確に教えることなど果たしてで

きるのかと疑問を抱く親御さんもいるでしょう。

2 俗語は使わない

　子どもに話をする際、大人が俗語として使っているようなことばを用いないようにしましょう。今はそれほど重要だとは思わないかもしれません。でも、いずれ親が子どもの面倒を見られなくなり、他人や専門家のお世話になる時のことを考えて準備しておきましょう。ASDではない子どもは俗語を使って話すこともありますが、ASDの子ども、特に重度の子どもは「正しい」用語を知っておく必要があります。ですから、女の子には「膣」、男の子には「ペニス」といった、どのような状況でも通じることばで教えましょう。ASDの子どもにとっては、気分のすぐれない時、性的虐待を受けた時などに、きちんと説明ができることが何よりも大切です。

3 非自閉症スペクトラムの人たちが使う用語や言い回し

　ASDではない子どもや大人は「乱痴気騒ぎ」「あれをやる」などといった言い回しを使うことがあるかもしれません。しかし、ASDの子どもがこのようなことばを理解するには「性交」を意味する正しい用語や、その言葉自体が何を意味するのかをまず明確に知る必要があるため、しっかりした説明や学習が必須となるでしょう。たとえ親が性交の特殊な形について話をしなければならない場合も「肛門内セックス」や「膣内セックス」「口内セックス」といった正確なことばを使うよう心がけましょう。
　レブス、マカトン（Rebus、Makaton）などのシンボルは、子どもに指導をする時、コミュニケーション能力を伸ばしたい時などによく用いられます。子どもが意見を述べたり状況を自分で選択したりする際にシンボルを使うと、子どもの自尊心を育むのに役立ちます。子どもは自分も対等に参加できるのだと確信でき、その結果、子どもの自信が高まります。性やそれに付随するさまざまなものを表現するシンボル・カードが市場には出回っています（巻末の参考資料）。自分の

子ども向けに、シンボルやそのシンボルの名前を集めたコミュニケーション・ブックを作成しておくと、子どもの生活に関する物ごとを教える上で効果的で、大変役に立ちます。

4 視覚的アプローチ

①ソーシャルストーリー

　言語能力が著しく遅れている、また話しことばを理解したり、それに答えたりする能力が欠けている自閉症の子どもにとって、ソーシャル・ストーリー（グレイ：Gray, 2000）などの視覚的補助を使うことは、何よりも効果があるように思います。ソーシャルストーリーは、重度の自閉症児が物ごとの前後関係や、シナリオに沿って考えや感情を理解するのに役立ちます。自分や他人を尊重しながら考えることを教える時や、人は自分とは違った考えや感情をもつことを子どもにわからせる時、このような視覚的補助を使うと特に効果的です。

②写真

　重度の自閉症児は、その子どもの顔写真、または一目で自分だとわかるような絵を載せた、その子どものためだけに創った視覚的補助を必要とすることもあります。それによって、子どもは、今聞いている話や情報が自分に直接関係があるのだと理解しやすくなります。身の回りの物や子どもの生活に関係のある場所や人の写真を使うと、より理解しやすいでしょう。つまり、マスターベーションをしてもよい場所として、雑誌から切り抜いた一般的な寝室の写真よりも、子どもの寝室の写真を使った方がよいということになります。そうでなければ、子どもは家具店に陳列されているベッドでマスターベーションを行ってもよいと思い込んでしまいます。誤解を招くことのないよう、含めてよいものとそうでないものをはっきりさせることが重要です。子どもが話を聞いて自分の実生活に当てはめることができているかどうかを、親が確認しましょう。親が学校と連絡を取り合い、一貫した指導を行うことも大切です。

③視覚的補助を使う際のポイント

　チソット（Tissot）の視覚的補助に関する研究（2009）で、背景の色が明るすぎたり、文字が多すぎたりすると、子どもの気が散ってしまうという結果が出ました。棒線で書かれた人間は、人間だと理解されても、解剖学上の男性の勃起のようすを正しく描き表わすことができないという結果を示す研究もあります。親は、子どもに性について説明をする時、何を用いれば子どもが一番理解できるか十分に研究し、今ある情報を実際にどう使うかを考えなければなりません。

④雑誌や新聞の利用

　雑誌や新聞が視覚的補助として役に立つこともあります。さまざまな感情を表わす写真を切り抜き、その時の子どもの感情はどれにあたるかを尋ね、その写真の上にどのような感情なのか、ことばを書き入れます。こういった写真を使いながら子どもの気持ちを表現させ、感情の種類と写真の一覧を常に手元に置いておくと、子どもにとってわかりやすいでしょう。その応用として、子どもに自分の感情を表わす絵を描かせてみるのもよいでしょう。

　一般社会に関する写真を使いながら、人の気持ちについて積極的に話し合えば「公の場所で示してよい行動と、私的な場所での行動」といった大切な内容を学ぶよい機会になるでしょう。カップルがキスをする、いちゃつく、性交をするといった画像を用い、場所をわきまえた行動について学習するのもよいと思います。これらの画像を使うことにより、「公」と「私」の概念を視覚的に学べます。

⑤映像の利用

　同様に、ビデオやその他、コンピューター・プログラムなどを使って、感情や性教育に関する問題を扱ってみるのもよいでしょう。自閉症児の多くは「スクリーン」を使った活動を好むので、きちんと話を聞いてくれるはずです。親にとって難しいのは、資料を使いながら「アドリブ」で話すことです。しっかりとした手引きがないと、効果的に性について語れない、子どもに何を言えばよいのかわからないといった親御さんも多いようです。

　親に教えてもらったことをきちんと理解しているかどうか、子どもの反応をよ

く観察しましょう。教え方としては、絵を使ったり、実際にバナナにコンドームをつけたり、下着に生理ナプキンをつけたりといった具体的な方法で、どのような行動を取ればよいのかを示すレベルから、知識やスキルを教えるレベルまで、いろいろあります。どのような内容を教える時でも、子どもがそれをしっかり受け入れ、理解したことを確かめるまで、間隔をおいて、繰り返し取り組むことが必要です。前回教えた内容に基づいて何かを伝えようとする時には、子どもがその基礎的な情報をまだ覚えているかを確認するために、復習から始めましょう。

⑥情報の共有

　もう一つ考慮しておくべき事がらがあります。それは、子どもの学校やその他のサービス機関と密な連絡を取り、親の心構え、親がその人たちにわかっておいてほしいこと、子どものために協力、強化してほしいことなどを明確に説明しておきましょう。この先、専門家から情報を得たり、彼らと協議をしたりすることがあるかもしれません。

　たとえば、子どもが学校で性的な刺激を感じた場合、親は子どもが学校のトイレでマスターベーションをすることを認め、その行動自体が「悪いこと」だと子どもには感じてほしくないと思っているとしましょう。しかし、学校側はどんな場合でも校内でマスターベーションをすることは認めず、それを表す視覚的補助を見せたり、自宅の寝室だけでそのような行動をとってよいのだと子どもに教え込んだりするかもしれません。

　もう一つ例を挙げてみましょう。子どもに性器をこすりつける行為（性器を、通常着衣を通して、他の人にこすりつける行為）が見られ、親は視覚的補助やソーシャルストーリー、コミック会話を使って教えたらよいのではないかと思っている場合、親は当然、自宅と学校の両方で同じ教材を使いたいと願うはずです。

[4] 自己の意識

「自己の意識」はもっとも基本的な事がらで、性教育においても重要な基礎となります（ハットン、テクター：Hatton and Tector, 2010）。つまり、自分は親や一番身近で世話をしてくれる人とはまったく別の存在であることがわかり、自分がどのような存在で、どのような感情をもつのかを体でも心でも特定できる「自己に対する意識」をもてるよう、親が子どもを導くことが大切なのです。そのためにはまず簡単なもの、たとえば、とても柔らかくふわふわした物や流れている水に触れたり、太陽の光を肌に感じたりすることは楽しいと子どもがわかるような初歩的なレベルから教え始めるとよいでしょう。そうすることで、自己の意識は、次第に広まり発達していくはずです。

自閉症スペクトラムではない子どもは、洋服、食べもの、テレビ番組を選ぶといった、自分のことは自分で決めるといったことを始める段階で、自己に対する意識が明らかになってきます。多くの場合、親と一緒にいても自己主張をして、または親と距離をおいて、自分は親とは違う一人の人間であることを認識します。もちろん、自閉症スペクトラムでない子どもは、ティーンエージャーになってからこのような特徴が顕著に現れ、自分の「違い」をとにかく、うっとうしい存在である親たちに引き続き示し、自分のことは自分で決定できる自立した人間に成長していきます。

ただ重度の自閉症児には、この自己の意識があらゆる範囲で「自然に」育っていないようです。いろいろな練習を通して、子どもにこの意識が育っていくよう、親は努力をする必要があるでしょう。

1 鏡のゲーム

鏡はなかなか役に立つ小道具です。子どもと親が一緒に映るくらいの大きな鏡を子どもと使ってみましょう。このゲームはいつ始めてもよく、今さら始めても遅すぎるのではなどと考える必要はありませんが、早ければ早いほどよいでしょ

う。普通、子どもが遊ぶゲームは親が一番に選ぶことが多いようですが、私の経験から言うと、学校では、家ではやろうとしない練習やゲームをやってくれることが多い気がします。

鏡のゲームの基本ルール

- 子どもが何かのゲームを楽しんでいるようだったら、その次に鏡のゲームに移ります。
- 子どもによっては、鏡のゲームを始める前に、常に他の親しみのあるゲームから始める必要があるかもしれません。
- 子どもが鏡を怖がる、または鏡を使い慣れていないのであれば、小さな手鏡から始め、徐々に大きなものに変えていくとよいでしょう。
- 中には、目を合わせることを怖がったり、目を合わせないよう抵抗したりするASDの子どももいます。そのような場合は、鏡の中で目を合わせる必要はありません。その代わり、行っている練習の内容に合わせて、口や顔全体、または何か他の部位に焦点を合わせるようにします。
- 自閉症児によっては頭を物に打ちつける傾向をもち、その場合、鏡が割れて子どもがけがをする恐れがあるので、ガラス素材ではない鏡を使いましょう。

練習1

1. 親が子どもと一緒に鏡に映ります。
2. 親は自分の顔を触ったり、微笑んだり、ウィンクをしたりといったことをいくつかやって見せます。
3. 親は子どもに、親の顔の動きをまねるよう指示します。
4. 親は「私の顔、ママの顔、パパの顔」といった簡単なことばを使い、その後、それぞれの顔の違いをはっきりわからせるために、「あなたの顔」「○○ちゃんの顔」といったことばで認識を強化します。
5. この段階で子どもが参加していないようだったら、鏡の中で、子どもの顔を親が

まねてみましょう。
6. 子どもが何か音を出しながら鏡を覗き込んでいるなら、同じことをやってみましょう。自閉症スペクトラムではない教育者が、その子どものレベルで関わる際、この「徹底的な関わり」の手法を使うことが不可欠です。

練習2

1. ことばをまったく、またはほとんど話さない子どもに、親が鏡の中でいろいろな音やことばを出して見せましょう。親は、子どもがほとんど口を開けないことや、子どもにとって「ことばをつくるさまざまな音を出す方法」を理解することがいかに難しいかを知って、驚くかもしれません。
2. 子どもに口の形や音を真似するよう促してみましょう。
3. 喉のところで音が出ていたら、子どもにその音が出ている親の首の部分を触らせ、その後、子ども自身の喉を触らせて、同じような音を出すよう仕向けます。

練習3

1. 親の顔の目立つところに、クリームか何かの小さな塊を乗せてみます。
2. 子どもと一緒に鏡を覗き込み、そのクリームの塊に子どもの注意を向け、それから子どもがそれを見ている間にその塊を取り除きます。
3. クリームか何かの小さな塊を子どもの顔に乗せてみます（鼻、頬などの目立つところに）。
4. 子どもがそのクリームの塊を見つけ、触り、それを取り除くかどうかを観察します。

練習4

1. 子どもが自分を鏡に映して見ている時、顔を洗うよう仕向けます。
2. 自分で顔を洗えない場合は、手助けをしましょう。その場合も、鏡を使うことを忘れずに。
3. 親が先に顔を洗い、そのようすを子どもが鏡で観察する、というやり方もよいでしょう。

2 子ども自身の状況把握

　子どもが、家族の中での自分の位置づけを理解するのに、写真を使うと効果的です。

❶赤ん坊の時から現在に至るまでの子どもの一連の写真を複写しましょう。自分が歳を重ね発達していることを子どもが確実に理解できるよう、時々、または何か変化のあった時に、この練習を繰り返し行う必要があるでしょうから、写真は複写しておくと便利です。

❷どのようなコミュニケーションの方法でもよいので、写真には誰が写っているかを子どもに尋ねます。もしごく最近の写真があれば、子どもはその写真について、何かすぐに答えることができるでしょう。

❸子どもの能力によっては、赤ん坊の時の写真から現在の写真までを順番に並べるよう促し、必要ならば手伝いましょう。

　子どもが成長していることを子どもに話す際、「この写真では、あなたは赤ちゃんね。そしてこの写真では大きくなっているね。そして…」といった繰り返しの言い回しを使うとよいでしょう。寝室や遊ぶ部屋などにそれらの写真を洗濯バサミなどで飾り、子どもがいつでも目にすることができるようにします。青年期へと成長することや、それに伴う変化を親が説明するにあたっては、このような成長の概念を基本的にわかっておくことが重要なのです。また、歳を重ね、老化し、最後は死んでいくといった人生のサイクルを説明することも根本的に大切です。

❹他の家族が写っている写真のコピーを使って、子どもがどこに位置するか（きょうだいの中で一番小さいとか、真ん中とか）を教えます。子ども自身が、年上や年下のきょうだいがいるといった概念をもち、親は自分よりも歳をとっていて、祖父母はそれよりももっと歳が上であるといったことがわかるでしょう。

3 自分が自閉症であるということ

　自分の子どもに、その子が自閉症であることや、その子の将来がどのような感

じになるのを告知することに疑問視する親もいます。私の経験から見て、特にこれは子どもが重度の自閉症の場合に多いようです。これは、自己認識がどれだけ重要かをはっきり表現できる、より機能の高い自閉症者の例から学ぶとよいでしょう。彼らの告知している内容には、次のようなものが含まれます。

▷ 変化に対応することがなぜ大変なのか
▷ どうしてよく怒りを覚えたり、葛藤を感じたりするのか
▷ 自分たちがやっていることを、他の人はなぜすぐに理解してくれないのか
▷ 自分は人と違うという事実

このような事がらを理解することによって、不安を減らしたり、事を容易に運んだりすることができます。それに対して、重度の自閉症児はちょっと事情が違うと認めることで、他の人はどのように行動をし、重度の自閉症者はどのような行動をするのか、といったことを考えることができ、その子どもが他の人とは違うことを認識できます。正しい知識をもっていれば、子どもに、怒りや悲しみ、喜びを適切な方法で表現すること、つまりこれらの感情が他の人に理解されているかどうかを学ばせることができます。子どもが自閉症であることに触れないでいると、自己の発達をだめにしてしまい、事実上、無能にしてしまいます。

上記のことは、実際にはそれほど大変なことではありません。重要なのは、子どもが親とは違う人間であることを、子ども自身が頭の中で徐々に理解し、納得することです。それほど時間をかけずに、それができる子どももいれば、何か月もかかる子どももいます。しかし、子どもが、自分は親とは違う存在であると理解することは、自尊心や自己決定、そして健全な人格を形成するための要素を確立する上で大きな基礎となります。

4 自尊心

自尊心とは、自分は何者であり、何が好きで、何に興味をもっているかといった、自分の価値観を決定づけるものです。重度自閉症児がどのくらい自尊心をもって

いるかを判定するのは難しいかもしれません。自尊心が不足している行動を示した時にしか、それが明らかにならないかもしれません。つまり、子どもが自傷行為を示す場合、自己決定の不足が原因かもしれませんし、また葛藤を導く背景には他の理由があるかもしれませんが、自尊心が欠如していると考えることもできます。

　子どもが絶えず自己刺激を求め、ことばも話さない場合、親はその子の自尊心を高める道はない、またはそれを試す価値もないと感じるかもしれません。しかし、自尊心を育むことで、性的に虐待されたりする「傷つきやすい」人たちになりがちな傾向を減らすことができると、私は言いたいのです。

　また、子どもがどれだけ発達するか、友人関係を確立する上で自尊心がどれだけ大切か、を親がわかっていないこともつけ加えさせてください。人との関係を恋愛関係にまで持ち込めるかどうかは（たとえ、実際には性的接触がなかったとしても）、自尊心が基礎となっていて、自尊心をもつことで自閉症児はそのような状況を安全に経験することができます。それは自尊心が、子どもの自己主張能力を伸ばすものだからです。

5 強い関係と「結びつき」

　子どもが積極的に人と関わるような機会をつくり、何かよいことを行った時にはそれを認め褒めることで、子どもの自尊心が育ち、人としっかりした関係を築けるようになります（ナインド、ヒューエット：Nind and Hewett, 2011）。サンライズ・プログラム（巻末の参考資料）では、「結びつき」ということばを大変似た意味で用いています。音楽療法士の中には、似たような方法を用いて、子どもに音楽のテンポと音量、レッスン中に弾いた楽器は何だったのかを考える力をつけるような指導をしている人もいます。これらの方法は、子どもが夢中になっているものを変えるのではなく、子どもの本来の長所や関心に重きをおいています。

　重度自閉症児の「長所や関心」などと言うと、奇妙に聞こえるかもしれません。多くの親は、子どもが延々と体を揺すったり、理解不可能なことば、またはことばのようなものを発したりするようすを見るにつれ、「関心」などというものには

及びもしないと考えるからです。しかしこの方法は、その行動の陰にある動機を親が理解していようがいまいが、また特定の事がらを親が選択しようがしまいが、とにかく子どもが見せる行動を高く評価することに明確な目標をおくのです。

「強い圧力」を用いるのも、重度自閉症の子どもがコミュニケーション力、またある程度の自尊心を培う方法となります。ボールをぎゅーっと握る運動は、自己受容体の感覚を高めます。つまり、自分の体の位置や動きが自動的にわかるようになり（巻末218頁、付録2）その結果、子どもは不安を軽減することができるのです。また鏡に子どもの動きを映しながら、子どもと背中合わせに座り、左右に体を揺らして、お互いの圧力を感じながら、子どもとの信頼関係を築くという方法もあります。このような方法によって、子どもは、空間で体を動かしたらどのような感じがするか、また視線を合わせなければならないといったプレッシャー抜きで、誰かのそばにいるという親近感を覚えるのです。親は子どもがやっていることを真似することで、最終的には子どもの動きを促すことになります。

刺激行動が実は自閉症の人に不足していると言われる「感覚の入力」を高めると言われています。ASDの子どもの中にはその逆もいて、スーパーマーケットで買い物をするといったごく「普通の」ことを行っている時、感覚的な刺激に圧倒されるということがあります。その過敏な感覚によって、感情が一気に爆発してしまうことも多々あります。

子どもの行動に隠された意図を理解するために、自分でも同じことをやってみようとする親がいます。子どもの行動を観察しながら、強い関わりと接点をもつことで、親は子どもが経験していることを理解するのです。私は息子の行動がまったく理解できないことがありました。息子は、毎日数えきれないほどの鉛筆とペン、1枚のCDを、目の前に置き、それぞれの手にとるといった行動を繰り返していました。息子がやっていることをその通りに真似した時、私は初めて、息子がCDの「虹色」の面を自分の顔の方向に向けてもち、手の中でCDを回しながら、その色を眺めているということに気づいたのです。

彼は、鉛筆やペンも大変器用に握って、くるくる回していました。私はそれをそっくり真似てみたところ、その行動は極めて興味深く、息子はそれによってどれだけ他のことが手につかず、周りの世界から隔たっていたかということを理解

しました。こうやって私が真似をすることで、息子の気持ちは和らぎました。私が真似をするまでは、息子の気持ちを刺激行動からそらすものは一切ありませんでした。私が真似をした時、初めて息子はその行動を止め、私がやっていることに目を向け、私の顔を覗き込んだのです。

　ことばを話せる自閉症児の親御さんは、子どもの人としての価値を認める一つの方法として、子どもの「特別な興味」に関心を示すとよいでしょう。ことばを話さない、またはあまり話さない子どもと関わる時もこれは同様に効果がありますが、子どもの興味がはっきりしていなかったり、不明瞭であったりすることも多いような気がします。親が子どもの世界に入り込むことによって、子どもが経験していること、なぜ、そのような行動を取るのかという理由を、初めて理解できると言えます。

［5］ 自己決定

　強い関わりや接点をもつ上で不可欠なのは、子どもに何らかの行動を率先して行わせるということです。これまで子どもをコントロールしてきた親や、特にコミュニケーション能力をほとんどもっていない子どもが、一体何を望んでいるのかほとんど把握できない親にとって、これは大変難しいかもしれません。何でも親が実践してしまえば、より手っ取り早く、効率的でしょう。そして、より満足感が得られるかもしれません。ただ、親がこの世にいなくなった時に備えて、子どもをできる限り自立させたいというのが親の大きな目標なのであれば、自己決定を含むいろいろな能力を子どもが伸ばす中で、親が後ろに下がって、子どもを信頼することは何よりも大切です。

1 自己決定とは

　自己決定ということばは、自分を強く主張する過程を意味します。最終的な目

標は、自分の性に関することも含めた人生の選択を子どもができるようにしてやることです。これは、子どもが、性交に及ぶかどうか、また、もし睾丸や胸に腫瘍ができた場合にどういう治療を選ぶかといった、自分の体に関する意思決定を意味します。性行動、安全確保に向けてリスクを自分で判断することも意味します。

　自閉児の親としての経験から言うと、重度自閉症児の自己決定に関する考え方に、2つのグループが存在するように思います。一つは、子どもは意味のある自己決定のレベルには、決して達することはできないと考える人たちです。もう一つは、自閉症の子どもの自己決定によって、家族の生活が完全に支配されてきたというグループです。

　後者については、自己決定を、意固地と混乱しないよう注意をしなければなりません。意固地とは、何を行うべきかという指示に対して反抗することから出てくるもので、本質的に、行動の基となる自己決定とは言えません。

　前者については、自己決定のものさしは、目標を定めることに価値があり、自分の子どもがどのくらいの期間で、どのくらい伸びたかを測定することはなかなかできないと私は思います。たしかに、私たちの子どもは、社会性の発達を見ても、自閉症スペクトラムではない子どもとは違う道のりを辿りますが、大人になっていく過程で確実に成長をし続けます。もちろん、自閉症スペクトラムではない子どもたちも成長をし続けます。しかし、彼らは大人の域に近づいたころには、対人コミュニケーションの基本的能力をすでに獲得していることが多いのが事実です。それに対して、私たちの子どもは、そのような能力の獲得とも格闘し続けるのです。

2 自己決定力の育て方

　自己決定は、自閉症スペクトラムではない子どもに対する指導と同様に、早いうちから、また最初は小さな事がらを通して指導するのが最も望ましいでしょう。私たちがまず教えなければならない分野は、自分の衛生管理と衣服の着脱です。全身を映す鏡を使うと効果的です（ただし、割れるおそれのある鏡を使うことで、子どもが自分や他人を傷つける可能性もあるということを十分考慮してく

ださい)。そして、親は子どもに、体を洗う布やタオル（色やサイズ、材質の柔らかさなど）、石けん（固形か液体か）、スポンジなどの選択をさせましょう。

　ここで親は現実的な選択をさせなければなりません。つまり、ある程度の選択肢の中から選ばせることが大切なのです。そして当然、その選択が実際に通るということを経験させながら、選択するということを言葉で強化していくのです。鏡を使う理由は、たとえば顔を洗う場合、子ども自身が自分の顔を洗い、顔の汚れを落とすようすを確認することができるからです。

　自己管理（セルフケア）に関するもう一つの要素は、性的虐待の可能性にもつながるプライベートな部分のケアを、子どもがなるべく他人に委ねないということにあります。もちろん、重度自閉症児の中には、体の洗浄、服の脱ぎ着、トイレの使用といった場面で人からの援助を引き続き必要とする場合があります。そのようなケースで重要なのは、特定の大人だけが、そのような世話をするのだと本人が理解することです。自尊心や自己決定力を育てるための自己管理能力をなるべく高めること、人への依存をなるべく減らすことが必要です。

　服については、子どもに自分が着たいものをある程度の中から選ぶよう仕向けるとよいでしょう。ただし、これも現実的な選択でなければなりません。親が子どもの見た目にこだわったり、親がよいと思う服の中から着たいものを子どもに選ばせ、身につけさせたりしている限り、意味がありません。私が関わっていたある女性は娘に「娘がばかに見えない服」から「選ばせて」いました。しかしその女性は、娘は好きな服を自分で着ることができるはずなのに、それを着ようとしなかったことに驚きました。

　私の息子は、シャツとネクタイを非常に好みますが、絶対にシャツをズボンの中に入れないし、男性用のシャツにこだわります。息子は「男の子用のシャツは小さすぎる」と自分で言います。実際は、彼にぴったりのサイズなのですが、少しゆったりめの服を明らかに好む傾向があるようです。息子は体操着のズボン（スェットパンツ）と男性用のシャツ、ネクタイを身に着け、その上によくベストを羽織って出かけます。同年代の自閉症スペクトラムではない子どもたちとは違って見えます。人から笑われたり、じろじろ見られたりすることも、彼は気にしていないようです。

私は、息子がそのような行動をとるから、自閉症スペクトラムではない人たちから同じような反応がくるのだと口論をします。しかし、本人は自信をもってそのような格好をしているようで、よくショーウィンドウの前で止まって自分を映し出してはうっとりしています。自分が着たいものを着ることで、彼は後悔することなく自分で洋服を着ますし、私が望むものではないものを彼自身が選んだことを私は認めています。息子は、学校では常に自分の思い通りの服を着ることができません。つまり制服を着用しなければならないということもわかっています。これは彼にとって重要なけじめです。

3 親として気をつけること

　親がやらなかった、というよりやりたくなかったことをわが子がやることになっても、親が手綱を緩めたり、時には距離をおいたりすることで、子どもの自己決定の力を育む環境がつくられます。ある母親の例を挙げましょう。彼女は、娘が水泳の授業の後、セーターを裏返しに着ることを黙認している特別支援学校に対して不満を感じていました。娘は自分で服の脱ぎ着ができるのに、セーターを脱いで裏の縫い目が見えないよう表返すことを教えない職員のことを受け入れ難いと感じていました。娘が自分で脱ぎ着をしたという業績も、その不快感（怒りとは言わないが）でかき消され、それは職務怠慢にすら思えました。その母親は私に、「これでは娘は正しく脱ぎ着をすることを覚えないままとなってしまう何よりの証拠です。それ以来、娘が公共の場で『正常に』見えるよう、きちんと洋服を着ているかどうか確認しているのです」と話し続けました。

　人の嘲笑から娘（そして、おそらくその母親自身）を守りたいというこの思いは、娘の自立だけでなく、自尊心や自己決定を培う能力を完璧にだめにしています。自閉症スペクトラムではない小さな子どもでも、服を着ることを学んでいる間には、放課後の活動の後、学校を出る時には、服を裏返しに、または前後逆に着ていることが多いものです。これは、間違えながら、服の正しい着方を身に着けている過程なのです。

　先ほどの母親が建設的な方法で何か行うとすれば、全身鏡を使って、どうやっ

たらもっと上手に服を着ることができるかを教え、娘がどうやって裏の縫い目を内側にするのをマスターするかを注意深く観察し、縫い目を外に出したまま着ているのは、もしかしたら「ごわごわする」とか気持ち悪いと娘は感じているのかもしれないと考慮することでしょう。それが理由なのであれば、娘が正しく身につけたいと思うような洋服を探すことも、一つの解決方法です。

4 主張する力

　自己決定は実在するものというよりも、過程です。自己決定能力が発達するにつれ、自閉症児は、何が起きているのかを自分で口に出すことが大事なのだとわかってくるでしょう。子どもに、必要な物ごとには「いいえ」「いやです」と言う機会があるのだという自己決定の経験をさせることが、親の役目です。試しに食べ物の選択といった小さなことから始め、「いいえ」と言うことは自分にとって明確な影響を及ぼし、それは深刻に受け止められるのだということを子どもに学ばせるとよいでしょう。親は、子どもが「いいえ」を使う機会を増やし、子どもが言ったことには忠実でいましょう。服従の教えを叩き込むよりも、交渉や歩み寄りについて、子どもに教えることにこそ真の主張が存在するのです。

　性に関して言うなら、「いいえ」「いやです」と言ったり、人に話を聞いてもらったりすることが、きわめて重要です。望まないのに体を触られた時、自閉症児が「いやです。やめてください」と言える力をつける必要があることは明らかです。しかし、子どもが、親戚や友人からの、性的な意味がなくても、望んではいないハグやキスを我慢して受けていることを多くの大人は経験上知っています。

　親は、望まない接触に対して拒否をすることを子どもに教え、きちんとそれが実行されることを確認する必要があります。そうすることで、子どもが教えられた通りに「いいえ」と言えば、望んだような結果がついてくると、子どもは確信できます。このような試みは、子どもがかなり小さい時、または対人コミュニケーションが発達し始めた時に始め、簡単なゲームなどを取り入れながら、順序を守って交代すること、持ちつ持たれつの関係、同意のやり取りなどの概念を教えるとよいでしょう。

[6] 人との関係の輪

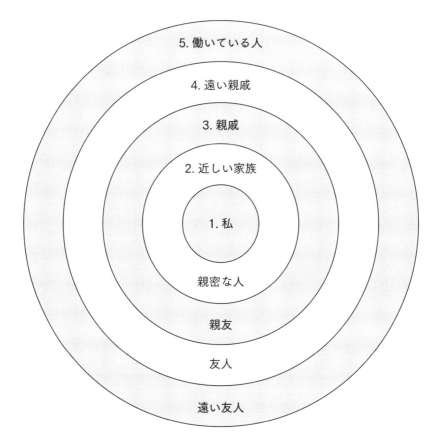

図1　私と人との関係の輪
出典：Walker Hirsch and Champagne（1991）が作成した原型の概念と、Stanfieldの改訂版を基に修正

　「人との関係の輪」の考え方は、いろいろな場面で使えます（図1）。この図を「私と人との関係の輪」と名づけてはっきりと固有化し、実際「私」の輪の中に子どもの名前を入れたり、子どもの写真を貼ったりすると効果的です。そうすれば、子どもはこれが自分の生活の一部であることを認識できます。親は、この図は「動

きのある」もので、それぞれの輪の中をいろいろな人が出たり入ったりし、その輪の種類によってその人たちの権利と義務が違ってくることを説明しましょう。

1 作成のコツ

　性教育を行う上では、これらの輪を区別するために色や名前、番号をつけると、それぞれの輪の意味がとてもはっきりします。たとえば、1の輪は黄色に塗り「ハグ（抱擁）」をしてもよい人たち、といった具合に。このような追加の工夫をこらすことによって重度自閉症児の理解が容易になることもありますが、中には色を使うことで気が散ってしまったり、数字や名称がその時点での理解のレベルを超えたりしてしまう子どもたちもいます。多くの場合、「挨拶の仕方」や「生活の中でどのような役目を担っているか」といった内容を、写真やシンボルを入れた白黒の図を使って教えれば十分です。それぞれの輪の中に書かれた関係の部分に実際の写真を入れると、大変視覚的で、認知的に障害のある子どもにとってわかりやすいでしょう。

2 それぞれの輪が意味すること

　人との関係の輪は、私たちが生活の中で、相手に応じてどのような挨拶をするかを明確にするのにも役立ちます。重度自閉症の子どもたちは、絵のついた説明やお話、ことばなどを使ってはっきり教えてもらわなかったら、「ハグ」などのより親しい挨拶をしてよい人たちと、「握手」や「ハイタッチ（最近はこれも普通の挨拶となっています）」などの方法で挨拶をする人たちとの区別がつきません。輪の中心（本人）からだんだん輪が遠くなっていくにつれ、その人たちへの挨拶が、よりかしこまったものになるということを、この図を使うと視覚的にわかりやすく示すことができます。

　「私」の輪の中には、「自分の体を洗うことができる」「自分を触ってもよい」といった子どものできることを書いてもよいのです。子どもが好きな活動、気に入っているものなどを箇条書きするのもよいでしょう。私の息子が最初に自閉症と診断

された頃だったら「鉛筆やストローなどをまっすぐ並べるのが好き」といった項目が並ぶでしょう。

　中心の次にある「近しい家族」「親密な人」のところには、両親など、親密な世話をしている家族などの写真や名前を入れましょう。この部分に祖父母が入る家庭もあるかもしれません。「子ども」の合意の上で性的な関係をもつ人がいるのであれば、その人をこの輪の中に入れます。そして、輪の中に、性行動や体への接触に対して「いやだ」と言えば、その人は、その行動を止めることができるということを書き添えておきます。また、この輪の中に入っている人たちには、どのような挨拶をしたらよいか（欧米の場合、通常はハグやキスにあたる）を記入しておくことも大切です。

　親は、挨拶の仕方、体に触れられてもよい人、その方法（ハイタッチも完全に接触と見なす）などについて、具体的な例を挙げながら、この図に示されている全部の輪について説明をします。働いている人には握手をしながら挨拶をしてもよく、医者などの場合は検査をしたり、体の陰部などを触ったりする必要があることも説明しておくことが重要です。輪の外側は「知らない人」を意味し、子どもにとって面識のない人たちが、ここにあてはまります。知らない人に関して例外を挙げるとすれば、子どもが迷子になったり怖い目に遭ったりした場合に警察官が話しかける、などという非常に特定の状況もあることを頭に入れておきましょう。

　性的虐待の防止について言うなら、まず、ほとんどの子どもは知らない人から虐待を受けるのではなく、知っている人からであることを覚えておいてください。この図は、子どもにとって、どういう人たちが実際、物理的にそばに、つまり手を伸ばせば届く範囲にいるべきなのか、また誰がいるべきではないのかを理解する手がかりになります。

3 体の接触

　体の接触に関しては、知覚上の問題から、自閉症の人たちには混乱しやすく、また予期すらしにくく、その結果、恐怖感につながることも多いようです。ハッ

トンとテクター（Hatton and Tector）の研究（2010）では、多くの人が他人からの性的な接触を拒んで、一人の人とだけの性行動に心をつぎ込むのに対して、重度自閉症の成人の中には、性的接触の支配下にあることがあたりまえになっている人たちもいるという体の接触に関する懸念が論じられています（ハットン、テクター：Hatton and Tector, 2010）。体の「陰部」や「よい接触と悪い接触」などのことばを用いて綿密に教えるのも性教育の一部です。

　これは、人がいつ不適切な行いをしているのかを子どもが特定する手助けとなります。これは同年代の子どもたちによる理解が必要で、たとえば、同年代の子どもたちは、ハグを拒否してしまったら、重度自閉症の子どもに不親切なことをしているように感じるかもしれません。家族や世話をしている人たちも、これらの「人との境界線」をしっかり守る目的と必要性を理解しなければなりません。

　それぞれの輪に属する人たちは、それぞれ違う行動が求められていることを示します。自閉症の子どもに諭した親密さに関するきまりを、家族や友人はしっかり守ることが重要です。さもなければ、明確で、曖昧ではない指示を必要とする自閉症の子どもは混乱してしまいます。

　私の友人の例を挙げます。彼女は、他人の息子である重度自閉症の青年にいつも肩を差し出して寄りかからせたり、ソファーで彼と至近距離で座ったりしています。彼女は彼のことを赤ん坊の時から知っているので、このことを心地よいと感じており、また彼の方も自分からそういう接触をしてくるところから見ると、同じように感じているようです。ここで、この男性がバスに乗っていて、母親の友だちに似た感じの優しそうな女性を見たと仮定します。彼は家の中で母親の友人とやっていることと同じことを、バスの中で行う可能性があります。その知らない女性にもたれかかり、その人の肩に頭を乗せてしまったなら、警察官が出動してくるか、または少なくとも彼がやってしまったことに対して何の理解も得られずバスから降ろされてしまうことが考えられます。

　子どもに適切な行動を確実に覚えさせるためには、親は子どもが家でやっていることを違う設定で行った場合のことを想像する必要があります。重度自閉症の子どもは、ある状況では適切なことでも、他の状況ではそれが通用しないという違いを理解することがきわめて難しいのです。彼らは家で練習した行動を、その

まま公共の場であてはめようとする傾向があるので、親はそのような行動が適切かどうかを確かめなければなりません。これがいかに大切かを伝える方法として、私はよく、子どもが人との境界線を理解しそれを実行することで、どれだけ子どもを虐待から守れるか、そして、万が一何らかの虐待が起こった場合でも、この人との関係の輪を使うことで、子どもはより楽にそのことを伝えることができる、と説明しています。

　これに関して警鐘を鳴らすようなことは何もないかもしれませんが、親は定期的にこの「人との関係の輪」を子どもと一緒に復習し、輪の外に属する人が急に子どもの目の届く輪の内側に入ってくることはあり得ないことを確実に教えることをお勧めします。その際、子どもにとってその内側の輪の中に入れたいと望む人たちが出てくるかもしれませんが、その場合、虐待と勝手に結びつけて考えず、子どもと一緒に十分に考慮することを心に留めておきましょう。

4 具体的な指導の仕方

　親は、「人との関係の輪」(68ページを参照)や「公私」とは何かを示しながら、「体には私的な部分がある」ことを念入りに教える必要があります。一つの方法として、体の絵を描き、本人の許可なしで本人以外が触ってはいけない「部分」をその中にはっきりと示すという手があります。体の部位を教える時に、身に着ける物についても同時に描きこむとわかりやすいでしょう。つまり、子どもは、下着のパンツをはいている部分は自分の許可なしに誰も触ることができないと学ぶのです。それには、衣服の上から体を触ることも含まれます。

　このような絵は、誰かが自閉症の子どもを好きなもので釣って誘拐するなどという事件を防ぐのにも役立ちます。子どもがある有名なスポーツ選手に憧れていた場合、親は他に誰がそのスポーツ選手のことを知っているかを子どもと一緒に話し合っておきましょう（この場合、多くの一般人のことを指し、その人たちは完全に輪の外に属する「知らない人たち」である）。

　つまり、いくらその人たちが子どもの好きな人や物のことをよく知っていたとしても、その人たちとは話さないというきまりをつくります。子どものお気に入

りのスターのことを知っていたとしても、その人たちは輪の外に属することを視覚的に伝えることにより、子どもは、その知らない人たちとは身体的な距離を保たなければならないこと、共通の興味をもっていると十分にわかっても、その人に対して信頼をおいてはならないことを思い描けます。

　子どもが体の部位の名前を言えたり、自分の体を洗ったり拭いたり、また公私の行動の区別がつくころまでには、子どもの体のことを個人的に理解すべき人は誰かを子どもときちんと話しておくとよいでしょう。それぞれの輪をどのように埋めるか、それぞれの人たちとどの程度親しくすべきかを教えながら、友好関係や人間関係を見極めることができるのです。

　人との関係の輪を用いるもう一つの目的は、違う輪の中に属する人たちは、体に触れてもよい度合いが違うという考えを育むことです。これらの情報も、子どもがいつでも見ることのできるノートに合わせて書いておきましょう。子どもの輪の中に、少しでもたくさんの情報が書かれていれば、性的虐待を受ける可能性がより少なくなり、たとえそれが起きたような場合でも、きちんと発見できる可能性がより多くなります。

　性的虐待というのは、知らない人から機会を狙って行われるのではなく、知っている人たちによって、子どもが抵抗することなく行われることも知っておいてください。人との関係の輪は、適切な接触と不適切な接触についての情報源でもあります（マナスコ、マナスコ：Manasco and Manasco, 2012）。

［7］ 友好関係

　友情や社交は、基本的に自閉症児の心の健康にとって重要です。自閉症の子どもが対人能力を完全に発揮できる完璧な社交の場を、家族が提供することはできません。もし親が適切な形で子どもを支えるとしたら、子どもの友好関係を育てたり維持したりすることです。そのためには、子どもの送り迎えをしたり、友だちと参加できる行事に連れて行ったり、また、たとえ親が他の自閉症児の面

倒を一時的に見るという責任が加わったとしても、友だちと泊まりがけで遊ぶといった機会をつくるのもよいでしょう。

こう書くと、親にとっては、とてつもなくやっかいに聞こえるかもしれません。特に、子どもの友だちが、重度自閉症児の4分の1が青年期に入る頃に起こし始めると言われるてんかんなどの症状を抱えていたらなおさらです（エデルソン：Edelson, 2011）。自分の子どもに発作の症状がない場合でも、他の子どもが起こした時にどう対処するか、知っておきましょう（巻末217頁、付録3）。

自閉症スペクトラムではない子どもは、比較的容易に新しい友人関係をつくったり、始めることもできます。しかし、自閉症の子どもはできません。自分たちがつくる友人関係のほんの少ししか大切にできないので、このような関係を育てるのは親の義務であると私は感じます。子どもが学校を卒業して他の教育機関、住居や施設に移ってしまうと、このような友好関係の多くが縮小されてしまいます。子どもが築いてきた社会的なネットワークや、なじみのある人たちと会ったり、社交的に関わったりする経験のすべてが壊れ、それを嘆き悲しむことにもなり得ます。親はこのような変化を予測し、子どもの友情を取りもつ必要があるでしょう。

子どもが友情を育てたり、維持したりできるような援助を十分に行わなかったら、子どもがさまざまな形の虐待を受ける可能性を親が広げることになります。もし、重度自閉症児が孤独に陥り、自分は自閉症スペクトラムではない人たちと違うことに気づいたら、好かれたり友好関係を築いたりしたいがために、自暴自棄の状態で、悪い人たちからいとも簡単に操られてしまいます。

どのようにして健康的な友好関係をつくるかを親が子どもに教えなかったら、悪い人の利益のために感情的、または性的に虐待を受けても、子どもはそれがわからないでしょう。性行動とは何か、親がはっきり教えなかったら、自閉症児は、その行為が友情を築くように見えて、他人と性的に交わる可能性もでてきます。実際、自閉症の子どもは、仲間付き合いを得るために、いろいろないじめに耐えているのです。

重度自閉症の子どもでさえ、自分は他の人たちと違うようだと感じていて、自閉症スペクトラムではない人たちが経験する、服装のきまり、適切な接触、人と

の身体的な距離などの問題を学んだり、知ったりする機会のないまま、友好関係をもちたいと望んでいます。このような子どもたちに友情を経験する機会をつくるにあたっては、コミュニケーションの中で起き得る間違いや、他人の考えを理解する力を養う必要があり、そこで学んだすべてが、いざという時、友好関係を築き維持するのに役立つのです。性のメカニズムや青年期に起こる体の変化について知るだけでは、このような子どもたちが安全で健康的な性に関して決断を下したり、また倫理的に間違ったことが起きた場合に、それに気づいたりする上で十分ではありません。

[8] 公私の区別

1 私だけの場所と公の場所

　公私の区別を理解することは、自閉症児にとって非常に大切です。彼らの公共の場での行動が性的虐待者の目にとまることもありますが、子どもが公私の区別を理解していれば、危険を未然に防ぐことができます。子どもが自閉症であることは法的に考慮の対象になるかもしれません。しかし、公共での性行為はあくまでも罪となり、ただ無知だったのですという知的な障害を理由に掲げても、なかなか守ってもらえるものではないのです。社会の一員である子どもを守るためには、公共の場では何が適切で、何が適切でないかを子どもに教えることが親の責任です。
　プライベートの（私的な）場は、誰も自分を見たり、邪魔をしたりできないところだと説明しましょう。子どもの寝室がそれにあたります。ここだけが私的な場所であることを正確に伝えるのに、子どもの寝室の写真を見せると効果的です。中には、公共の場ではないことを示すために、子どもの寝室のドアに「プライベート」を意味するシンボルを貼る人もいますが、これに関しては心配な点があります。このようなシンボルは、お店や事務所のドアにもよく貼られているので、人

がそこでマスターベーションができるかという意味では、完全にプライベートな場ではありません。このような理由もあって、子どもの寝室には、マスターベーションができる唯一の場所として指定しておくことが賢明です。

公共の場所は、誰でも入ることができ、そこで子どもが一人きりになることはなく、他の人と顔を合わせることもあるところだと説明します。いつも、子どもにとってなじみのある場所の例を挙げたり、写真を使ったりするとよいでしょう。そうすることで、お店や通りといった場所に実際にいる時、それらは公共の場であると念を押すことができ、日常生活の中で理解を強めることができます。

浴室やトイレをプライベートな場と見なすかについては、私自身、自閉症児にそれなりの場所として説明をする内容の文章を読んだことがありますし、親からの質問に答えることもあります。ある意味、それらは私的な場所と言えるかもしれませんが、性に関する点から考えると、かなりの問題が残ります。自閉症の子どもが体を洗ったりする上で、人から個人的に体の世話をしてもらう必要がある場合は、トイレや浴室がそのような場となることが多いでしょう。でも、性的虐待を防ぐこと、職員やその他の個人的な世話をする人たちを守ることを念頭に置くと、そのような場所でマスターベーションを行うことは適切ではありません。

2 公私の区別を教えなければならない理由

公私の区別を教える背景には、公共の場所でプライベートの行動をさせないという考え方が理にかなっています。トイレは公共の場で、子どもによっては、自宅のトイレも公共のトイレも区別をしていないかもしれません。自閉症児が公共のトイレで、たとえ閉ざされたドアのむこうででも、マスターベーションをしていたら不作法だと言えます。

次のような場合、明らかに個人的な行為であるマスターベーションを浴室やトイレでさせてよいものか、親は自問してみるとよいでしょう。

▷ 誰かがトイレを使う必要がある場合
▷ 誰かが息子の部屋のドアをノックして邪魔をし、子どもが動揺した場合

▷ 息子が快感を覚えているのに、性的絶頂感（オーガズム）に達することができず、ストレスを感じている場合
▷ 急を要していて、自分で後始末ができない場合

　自宅の部屋のドアに「プライベート」を意味する標識を貼る場合、慎重に考えてください。お店や事務所にあるドアにも、この類の表札がいろいろと貼られているため、子どもは標識に従うように教えられたとしても、自宅と外で見る標識の違いがわからないかもしれません。

　公私の区別を教える2つ目の大きな理由は、子どもの陰部は体の私的な部位であり、それを見せることに同意できるような親密な関係者以外には、隠すべきものであることを教える必要があります。これは陰部をこすりつける（さすったり、人に対して押しつけたりする）行為を防ぐ意味で重要で、「人との関係の輪」の中の「親密な人」の部分を例にとりながら、身体的に近い距離にいて、体の私的な部分を見てもよい人は誰かを確実に結びつけて考えられるようにしたいものです。

　特に女性の場合、陰部や臀部（お尻）と同様に、胸部も体の「私的な」部位であると理解することが必要です。微妙な例ですが、授乳をするお母さんに話が及ぶ場合は、はっきりと説明をしなければなりません。それでも、自閉症の女性は、喫茶店や公園などの公共の場で人が胸を「あらわに」している状況に気づき、そのことを言ってしまう可能性があります。あのように胸が見えているのは、赤ん坊にお乳をあげている時だけで、その人は極力隠そうとしているということを、はっきり教えましょう。

3 自閉症の子どもが親のよい教えやお手本を必要とする理由

　親は自閉症の子どもが大人になっていくことをどう感じていようが、また、人との関係や感情に対処する精神的な能力が備わっていてもいなくても、子どもの体は確実に大人になっていきます。これは、親にとってきわめて受け入れがたいことかもしれません。マスターベーションを始めたり、陰毛が生えたりしているにもかかわらず、お風呂では小さな子ども用のおもちゃで遊んだり、幼児向けの

ビデオを見たりしていることもあるからです。睡眠、体の接触、裸体に関するきまりを徐々に教えることは、体の成長に見合った精神的な成長を遂げていない子どもにとっては、不適切だと思えるかもしれません。

　自閉症スペクトラムではない子どもは、青年期にさしかかるにつれ、自然と親から離れていき、「個人」としての自分を確立するために、自立や独立を図ろうとします。親は、特に子どもが家を離れたり、育った家を後にして自立して居を構えたりした時には悲しい思いをしますが、そのような過程を通して、徐々に適応していくものです。

　自閉症スペクトラム障害の中でも重度の子どもの場合、このような過程を経験することはあまりないでしょう。親は、子どもが一番身近で世話をしてくれている人から離れるといった、自立心をもつことから取り組まなければなりません。心の縛りや完全に依存した状態を取り除かない限り、子どもは自己を確立できませんし、人との関係をつくり出すための前進を遂げることもありません。

　人との関わりを教えるのは、自閉症の子どもの場合、一括りには考えられず複雑です。その知識や能力を習得するのには何年もかかります。中には、一生涯かかる人もいます。たとえ幼少の頃に、その種を蒔いたとしても（ハットン、テクター：Hatton and Tector, 2010）。コミュニケーション能力が非常に欠けている自閉症の子どもの場合、人との関係を教えるのを先延ばしにする親御さんもいるかもしれません。しかし、子どもとずっと付き合っていく間柄にある親は、人との関わりを教えることのできる存在です。自閉症の子どもは、同年代の子どもたちのようにいつの間にか、または特に監視しなくても身につけるといったように効率的に学べないかもしれませんが、家庭環境の中で、周りの人の行動を見ながら学んでいきます。

　自閉症の子どもが乱暴、または険悪な家庭で育てられたなら、そこで周りの人から学ぶのが適切だと思い、それを真似するかもしれません。同様に、もし子どもが性的虐待を受ける環境にいたら、それを人に対しても認められる行動だと解釈するでしょう。自閉症児は物ごとを明らかに字義通りに受け取り、すべてを良いか悪いかだけで判断するため、状況に白黒をつけたがります。したがって、何らかの指導や介入がない限り、家庭環境におけるよくないお手本が、大人になっ

てからの行動にそのまま反映することでしょう。

4 明確なきまり

　プライバシーに関する概念を植えつけるために、明確で、かつ紛らわしい表現のない家庭のきまりをつくっておくことが非常に大切です。そこには、家の共用の場所でのふさわしい服装、プライベートな場所である寝室、そして自分の寝室はマスターベーションをしてもよい唯一の場所であるということを明確にします。家の中にけじめやプライバシーが欠けていたら、たとえば、家族が家の中を裸でうろうろしたり、寝室のドアをノックなしに開けたりしているような家庭では、子どもはプライバシーなど存在しないという印象をもってしまい、どこでもお構いなしに近づき、服装もこだわらなくてよいと解釈してしまう可能性があります。プライバシー、寝室のドアをノックすることで、人との距離を尊重するといった感覚が嘆かわしいほど欠如している家庭では、大変重要な概念です（ホロモッツ：Hollomotz, 2011）。

　家庭における親の行動や、子どもに教えているきまりは、将来、親がいなくなった時の管理能力を形づくることになります。子どもに性教育をする上での重要な指針の一つは、公私の区別をつけて行動をするということです。親がどのような行動を取っているかを子どもは観察し真似ます。特に、繰り返される行動については、それが「受け入れられる行動」として、子どもの頭にたたき込まれるでしょう。もし、親が家の中を裸でうろついていたら、親が寝室のドアをノックしなかったら、トイレのドアを開けっぱなしにして用を足していたら、子どもはそれを受け入れられる行動と見なします。その家にお客さんが来ている時は、親も裸でうろうろしないし、トイレのドアには鍵をかけるでしょう。しかし、自閉症の子どもは、そういう状況を区別したり理解したりできないかもしれません。

　自閉症の子どもが公私の区別のついた行動に関する確固たるきまりを学ばなかったら、そのきょうだいたちは、その自閉症児が何をしでかすかわからないといった恐怖感から、友だちを家に呼ぶこともできません。この知識の欠如や不適切な行動は、子どもに負わされた自閉症の「欠点」ではありません。それは親や

身近で世話をする人たちの教育が明らかに足りないからで、その人たちは自閉症児たちに、何が受け入れられて何が受け入れられないかを、ことばと行動のよい手本を通して教える義務があるのです。

　子どもを片親で育てている場合でも、子どもが両方の親と過ごす時間があるのであれば、もう片方の親とこのようなことを話し合っておかなければなりません。親が敵意をもったまま別れている場合は難しいかもしれません。

　事例を紹介します。奥さんと仲たがいをしているある男性は、ガールフレンドと一緒に住んでおり、家の中でその二人は裸で歩き回る習慣がありました。重度自閉症の息子がそこに泊まっている時も同じ状況でした。さらに息子はそこで、第二次性徴期に入った女きょうだいとダブルベッドで一緒に寝ていました。子どもたちの母親は、最近、生理が始まった娘から、今後も同じ状態が続くだろうと聞きました。裸で歩き回らないでほしい、子どものベッドを別々にしてほしいと妻は夫に要求しましたが、その夫婦の関係はこじれていたため拒まれました。最終的に、カウンセリングの場を借りて、この習慣を止めてもらいました。男の子はことばを話さないので、娘が母親にその実情を伝えたという点に注目しましょう。

　これらのきまりは、子どもと生活する可能性のある家族や友人全員が、理解していなければなりません。両親が別々に暮らしているという理由で、お互いの意思の疎通が難しいのであれば、偏見をもたず、子どものことを中心に考えて、先に話を進めてくれる専門家の力を借りましょう。

［9］ 家庭のきまり

　家庭のきまりには、次のような内容を含めます。

▷ 寝室などの「私的な」部屋のドアはノックし、両親から指示や承認を待ちます。「誰なの？」、それから「じゃあ、入ってきていらっしゃい」といった感じで。親もいつも同じきまりに従わなければならないことを頭に入れておいてください。子ど

もの寝室に入る前には、ドアをノックし、あらかじめ決められた答が返ってくるのを待ってから部屋に入ります。（自閉症の子どもが安全の理由でドアに鍵をかけることができるのであれば、この限りではありません）。

▷ 寝室や浴室で服を着たり脱いだりする時には、ドアを閉めます。寝室で、しかもドアが閉まっている時以外は、裸や下着だけの格好で家の中でうろうろしないでください。

▷ マスターベーションをしてもよいのは、自分の寝室だけです。

▷ 浴室やトイレを使う時には、鍵を閉めます。もし、鍵をかけて出られなくなるような状況が考えられるのであれば、緊急時に備えて、外から開錠できるようにしておきます。なるべく早く、子どもが人から見てもらわなくてもトイレができるようにしておきましょう。子どもが大人になった時、公共のトイレを使う時に備えて、これは大切な練習です。子どもの年上のきょうだいや親は、トイレや自分の陰部を洗うといったようなことは、人に助けてもらうのではなく、自分でできるようになろうねと教えなければなりません。

▷ 子どもが身体的、精神的に能力があるのなら、なるべく早く、子どもの頃から、自分の体を洗ったり、服の脱ぎ着をしたりできるよう教えておきましょう。これができていないと、そういう力があるにもかかわらず、大人になってからも依存して生きる道をつくってしまいます。大人になってから教えるのでは遅すぎます。親が他界した後、子どもはもっと弱い状態で残されてしまうのですから。

▷ 性別の違うきょうだいとは、トイレや寝室を別にします。

▷ 子どもが見えるかもしれないところで性行為をしません。

▷ 腕の届く範囲：親は子どもに、自分に近い輪の中にいない人たちとは（68頁「人との関係の輪」を参照）、自分の腕を伸ばした範囲よりも離れていなければならないことを確実に教えましょう。この方法を使うことで、自閉症児にとっては難しい概念である、人との身体的距離を自分の腕を使って容易に理解できます。これは家で繰り返し練習してください。

家庭は子どもにとって、安心でき、家族の一員であることを実感できる場です。子どもが暴れまわっている時や、物を叩き潰している時、叫んでいる時、感情を

あらわにしている時は、そんなふうに思えないかもしれません。しかし、子どもにとっての家は、たとえ、その表し方が建設的でないとしても、感情を表に出せる安全な停泊所のようなものなのです。

[10] 睡眠に関する取り決め

1 睡眠障害

　自閉症スペクトラムの子どもの40〜80％に睡眠障害が見られます（エガーディング：Eggerding, 2010）。その理由には、次のような事がらが考えられます。

▷ 自閉症児によっては、睡眠のパターンをコントロールするホルモン、メラトニンが十分につくられていないかもしれません。子どものかかりつけ医に相談し、睡眠のパターンを向上させるためにメラトニンの薬を飲ませるべきかどうかを決めるとよいでしょう。私が子どもに薬を飲ませる時は、常に最少の量に抑えています。そのような薬につきものの副作用や長期にわたる影響が気になるからです。特に、子どもが20代前半に到達するまでは、脳の発達が完全ではないので、このことを心がけています。
▷ 環境的な要因も睡眠に影響を及ぼします。就寝直前に刺激のある活動をしたり、日頃、刺激のある活動をする部屋に寝せたりしないようにしましょう。
▷ 自閉症児は、社交的な合図を読み取ることが不得手であるので、物ごとが起こる順番を簡単には理解できなかったり、家の人がベッドに入ることと、睡眠を必要としていることとが結びついていなかったりします。
▷ 音や臭い、視覚的な物、接触などの刺激に対して過敏であるといった、知覚的な問題が眠りを妨げることがあります。
▷ 子どもの睡眠パターンを何気なく形づくってしまうことで、問題を引き起こすことがあります。たとえば、眠りにつくまで親に揺らしてもらい、眠りについたら

ベッドに入れてもらう習慣のついた子どもは、(私たちも経験するように) 夜中に自然に目が覚めた後、眠りにつくための大事なもの (親) がそこに存在しないために、再度眠りにつけないでしょう。

▷ 健康上の問題で眠りが妨げられることがあります。夜驚症 (睡眠障害の一種で、睡眠中に突然起きて、泣いたり叫んだりして恐怖の表情を示す症状。睡眠時驚愕症とも言う)、発作、不安などで、これらはすべて自閉症の子どもによく見られる症状です。

2 睡眠の記録

性的虐待や一般的に受け入れられない行動のことなど、いろいろ言われるのではないかと恐れて、専門家に子どもの睡眠に関する情報を開示したがらない親もいます。専門家は親に対して、睡眠の記録をつけるよう指示することが多いのですが、これはどのような支援が子どもにとって、一番効果的なのかを検討する上で大変役に立ちます。しかし、睡眠の記録は、それを活用しようという親の動機があってこそ、初めて役立つものとなります。

3 子どもが寝る場所

子どもは自分の寝室のベッドで寝るべきだと、親も心の中ではわかっています。実際、子どもが10歳になるくらいまでには、そうすべきです。重度自閉症児をもつ親の苦労を私自身も経験してきました。多動でしゃべらない子どもが家の中で一日中騒ぎまくる、しばしば夜もずっとそういうありさまですから、親はすっかり疲れきってしまいます。専門家からは、自閉症のすべての側面から見て「一番の方法」だとして、自信たっぷりに、手話、シンボル、絵などを使ってコミュニケーションをスムーズに行うよう勧められますが、親たちは疲れすぎていて一つの文章でさえつくるのに苦労します。睡眠に関しては、とにかく何でもいいから数時間眠れる方法を試そうとします。

自閉症児の親としての経験から話すと、眠ることに関しては「一家の稼ぎ手」

が一番優遇されているように思います。多くの場合これは父親にあたり、もっとも眠りを妨げられない場所、よくあるのは客間で寝るというパターンです。余分な寝室がない場合は、妻が自閉症の子どもの気を静めようと何度も悪戦苦闘している状況を避けようと、夫が夜中に夫婦のベッドから出ていかなければならないというパターンもあります。子どもを時に夫婦のベッドに入れてしまうと、たちまちそれが習慣となってしまいます。自閉症児はどれだけ「決まりきったこと」が好きかは、私たちみんなが知っていることです。そうなると、夜の「いす取りゲーム」ならぬ「ベッド取りゲーム」が始まり、ベッドの中で一緒に眠る人の争奪戦（最初は子どもが、お父さんのそばにいたかと思ったら、最終的にはお母さん…といった具合に）が繰り広げられるのです。

　母親が一人で子育てをしている場合、自閉症の子どもと一緒に眠ることは、他の誰かを邪魔してしまう心配がないため、話は簡単です。その人が実際にどの程度支援を受けているかにもよりますが、一人で子どもを育てている母親は、父親の育児参加がない分、夫婦で子育てをしている女性よりもさらに疲れを感じている可能性があります。

　私の経験から見て、自閉症の子どもをもつ家庭では、適切とは言えない眠りに関するきまりをつくっていることが多いようです。その理由は次のようなものが考えられます。

▷ 親が完全に疲れ切っているため、自閉症の子どもについて、また、その子どものために思わしくない決断をしていることが多い
▷ 睡眠に関して、親が自暴自棄になっている
▷ 自閉症の子どもは、眠っている間に抱きしめられたり、そばに引き寄せられたりすることには柔軟であるはずで、親もそうしたいと望んでいるのに、知覚的な問題で子どもが目を覚ました時にそれができないでいる
▷ 上記の問題に関して、子どものニーズに優先順位をつけるのを間違う傾向がある。これには罪の意識が根底にあると私は読んでいる
▷ 親として子どもの世話をしているという責任感。それは、社会の共感を得たり、公的な経済的援助を合法化したりするのに結びつく

▷ 配偶者と性行為に及ぶことが嫌な場合、自閉症の子どもは、「正当な」妨げとなる
▷ 配偶者との関係が難しい場合、自閉症の子どもの存在によって悪化することもある。重度自閉症児は、直ちに夫婦間の争いの原因となり、無理をしてでも夫婦が一緒にいなければならないと感じてしまう

4 子どものために親ができること

　自閉症児は、その子がスペクトラム上のどのあたりにいるか（どの程度の機能をもっているか）にもよりますが、8歳くらいまではきまりを守るなどということができず、多動であることが多いようです。これは親にとって大変なことで、へとへとに疲れてしまう時期でもあります。また、睡眠のパターンを決めるのも難しい時期と言えるでしょう。

　そこで親がやらなければならないのは、将来を見据えた自分たちの考えをしっかりもち、子どもの10年後のことを想像してみることです。9歳の自閉症の息子がいて、毎日母親と一緒に寝ていたら、彼が19歳になった時に、その習慣が適切かどうか？　30歳になったらどうか？　彼がマスターベーションをするようになったら？

　習慣を変えることは難しいことですが、ここにいくつか心に浮かぶことを紹介しましょう。

▷ 変更について、たくさん子どもに説明します。たとえば、子どもと一緒に本を読む場合も、子どもの寝室の、子どものベッドの中でそれを見せて、本に興味を引くようにします。自閉症児も、自閉症スペクトラムではない「通常の」子どもたちのようでいたいと思っていることが多いのです。
▷ 自閉症の子どもが入りたくなるような寝室をつくりましょう。照明、音楽、枕の下にラベンダーのオイルをちょっとつけてみるなど、子どものためになることなら何でもよいと思います。奇想天外の小道具になってしまうかもしれません。私の息子の場合、食べ物の袋や断片から集めた薄汚い紙切れやちょっとした写真を集めて、それを私に押しピンで壁に留めてほしいと言い張りました。また、ドア

や壁のいたるところに落書きをしていました。
▷ 新しい睡眠に関する習慣やパターンについて説明をするのに、絵やソーシャル・ストーリー（グレイ：Gray, 2000）を使ってみましょう。
▷ 寝る前にどのような活動をさせるかをよく考え、興味を刺激している遊びにはカウントダウンを用い、ベッドに入る1時間前、またはその直前であることを子どもにわからせます。この場合、何らかの視覚的補助やソーシャル・ストーリーなどを用いて、次は何をすべきなのかを説明するとよいでしょう。
▷ 初めは、柔らかい生地でできた母親の古着を子どもに抱かせてみると、うまくいくかもしれません。ただし、子どもが自分のベッドできちんと寝るようになったら、徐々にこの習慣を外していくことを目標にしましょう。
▷ 変更を強化したいからといって、夜間、子どもの寝室に鍵をかけてはいけません。子どもがトイレに行こうとしたり、親のところに行こうとしたりした場合の精神的なストレスはさておき、万が一、火事が起きたような場合には非常に危険です。親は子どもを部屋から出して、避難することができなくなります。
▷ 子どもが新しい睡眠の習慣に慣れるまで、メラトニンなどの睡眠薬や鎮静剤を短期間服用させた方がよいかどうかを、かかりつけ医に相談するのもよいでしょう。
▷ 親は首尾一貫した態度を心がけ、10年後の子どものことを考えることを忘れずに。

[11] 人に対する尊重心

　自閉症の子どもにとって、もっとも学ぶべき大切なことは、どのような人間関係においても基礎となること、そして、重度自閉症者にとっては理解がもっとも難しいことの一つと言われる「感情」についてです。まずは、子どもが自分の感情を表現し、それを自分の中で意識、特定できるようになることが大切でしょう。自閉症の子どもは、顔が赤くなる、手が汗ばむ、胸が鼓動するなど、感情がよく体に現れると言われます。しかし、本人たちはそれを怒りだと認識していなかったり、その感情を表わすことばも知らなかったりします。

自閉症児が自分の感情を理解できるようになるには、長い時間がかかります。親は子どもの感情を察知したら、その時に体に現れている状況を特定し、その感情は何なのかをことばで教えるようにしましょう。感情とその名称を示す絵や写真を使うのが最も効果的です。子どもが理解できる感情のレパートリーを増やしながら、感情の幅を表わす一連の「感情」のカードを見せ、今どのような感情を抱いているか、子どもにカードを選ばせてみましょう。重度の自閉症児が自分のニーズに対して注目してもらうのに、それをどう特定して表現したらよいのかわからず、よくない行動で示してしまうことがありますが、感情のカードはこのような状況を改善するのによい方法です。

　私の息子は、体調がよくない時、難しい行動が頻繁に出ます。息子はある程度話せるのですが、それには限りがあり、2～3のことばを使って文章をつくる程度です。しかし、感情のカードを渡すと、息子はどうしてよくない行動をとっているのかをすぐに示すことができます。これを続けていけば、注目や理解を得るために無意識によくない行動をとるのではなく、自分の感情をきちんと示すことができるようになるでしょう。

　自閉症スペクトラムではない人たちは感情を示し、自分の感情を理論的に説明できるのに対し、重度自閉症者は、そのようなことがまったくできないかもしれません。しかし、世間一般の人と同じように、このようなことを私たちの自閉症の子どもに教えることは可能で、彼らだって社会でよりよく生きていくのに必要な「物ごとを見通す力」はもっているのです。彼らだって、いつ自分の内側で感情が湧き、それがどのような感情なのかを特定することができたら、不測に人を怖がらせるような爆発的な行動を取るのではなく、自閉症スペクトラムではない人たちが知っているような方法で感情を表現することができるのです。

　重度自閉症児が、自分の感情によりよく対処できるようにするためには、きちんとした方法を考えなければなりません。実際には、状況が難しくなりすぎた時には感情のカードを掲げるという初歩的な方法を、友だちや人との関係を拒否された時には、その感情を誰か友だちと話し、感情を共有するといった複合的な方法になるでしょう。

　自閉症の子どもは自分の感情を認識できた時こそ、人の感情やその意味を理解

し始め、社会で生きていくのに必要な知識を広げていくことでしょう。これこそが、人との関係や、力、その行使の仕方といった基本的なことを理解する礎となるのです。

[12] 人に対する尊重心を身につけるための練習

最も基本的な6つの感情、幸せ、悲しみ、怒り、恐れ、驚き、嫌気を表す絵を用意しましょう。家では、親が家族に時間の経過によって、これらの感情を割り当て、感情が時間とともに変わるということを子どもに学ばせる方法もあります。もし、子どもが「演技」を理解しているのであれば、ソーシャルストーリーやコミック会話*のどちらかを使いながら、感情が変化した背景には、何が起きたかを結びつけて考えるという方法もよいでしょう。コミック会話は、登場人物に感情を添える機会が与えられるので、感情を説明する上で、より効果的です。

親がより特定の情報を提供すればするほど、子どもはより理解しやすくなるでしょう。つまり、感情と結びつけた実際の家族の写真の方が、知らない人の絵や切り取った人物の絵の下にただ名前をつけたものを使うよりも、はるかに有効です。私はスキャンした家族の写真をたくさんもっていて、もし、基本的な感情を表わす写真があったら、いつでもそれを引っ張り出して、活用しています。何らかの感情が子どもの行動に関するものであったなら、親は子どもに、どのような行動の選択肢があるか、そして、子どもの行動は結果的に人にどのような影響を与えるか、視覚的な例とともに説明しましょう。これは、子どもにとって、人間

---

* キャロル・グレイ著・服巻智子監訳『ソーシャルストーリー・ブック[改訂版]入門・文例集』(クリエイツかもがわ)、キャロル・グレイ著・服巻智子訳『お母さんと先生が書くソーシャルストーリー　新しい判定基準とガイドライン』(同)
キャロル・グレイ著・門眞一郎訳『コミック会話　自閉症などの発達障害のある子どものためのコミュニケーション支援法』(明石書店)

関係を理解し始める上でのわかりやすい第一歩となります。このような人生の教訓は、ごく簡単に家庭で学べますし、身近な人間関係となじみのある教材や場所を使うという意味で「安全」ですから、子どもの不安を軽減できます。

　子どもが感情のカードに慣れたら、親は、私的な場での行動と公的な場での行動といったような話題を持ち出しながら、他の人たちの感情を特定するのにもそのカードを使うとよいでしょう。プライベートでの行動を公共の場でも行ったら、人の感情にどのような影響を及ぼすかを話し合ってみるのも一つの方法です。多くの重度自閉症者は感情に対して現実的な理解をもっていないかもしれませんが、人が望まないことをすべきではないとわかるはずです。親が子どもに、マスターベーションは「自分の寝室でのみ」行ってよいというきまりを教えたように、人の感情に関するきまりも学ぶことは可能です。

　人にも感情があり、その感情は他の人のそれとは同じではないかもしれないと学ぶことで、子どもは共感について少し理解するようになるでしょう。これは、友人関係やその他の人間関係がうまくいかなかった時、その拒絶に対して取り組む上で役立ちます。拒絶について学ぶことは重要です。なぜなら、自閉症スペクトラムではない人たちにとっては「関係」を結ぶつもりはないことが明らかであったとしても、自閉症児はしばしば一生懸命に関係を築こうとするからです。自閉症児は、生まれつき自然な形で感情を移入して反応することができないというのも一つの理由であり、また仲間を必要としているからというのも理由です。心と体の発達が一致していなかった場合、拒絶によって、子どもは自傷行為や乱暴な行為を示したり、社会からさらに引きこもったりすることになるでしょう。

[13] 性行為

　性のメカニズムは、他の基本的なことが理解できた時に、初めて教えるべきでしょう（次頁、図2）。

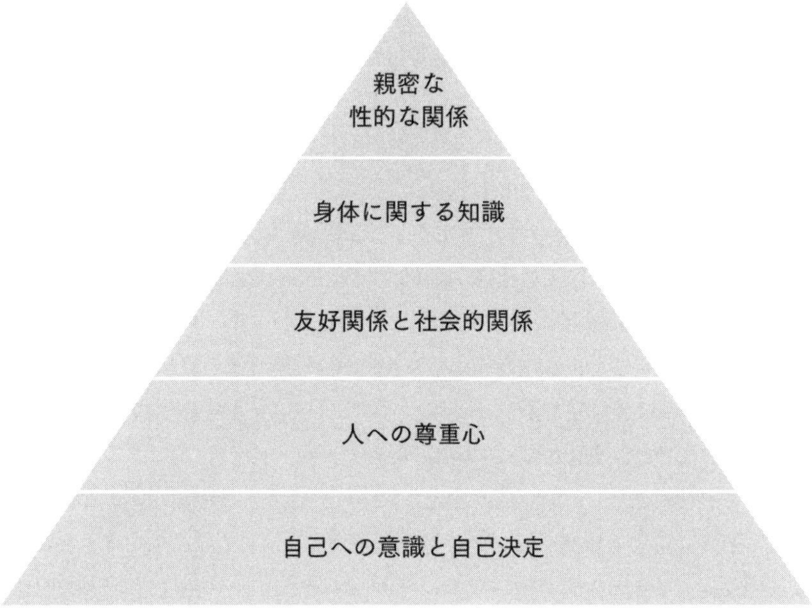

```
        親密な
       性的な関係
      ─────────
      身体に関する知識
     ───────────
     友好関係と社会的関係
    ─────────────
      人への尊重心
   ───────────────
   自己への意識と自己決定
```

図2　性教育に必要な項目（段階別）

▷ 性教育に必要な項目の中で、最も基礎的なものをピラミッドの一番下に据え、子どもがそれを学び終えたら、次の段階に移ります。

▷ 自己に対する意識や自分で決定をする力を育むには、鏡や演技、集中的な関わり、また「相手に同調する」といった方法を用いて、自分は一番身近で世話をしてくれる人や両親とは違う存在であること、「人生の過程（ライフサイクル）」を教えるとよいでしょう。

▷ 人への尊重心を養うには、感情や共感、性行動に関する公私の区別、体の私的な部位に関する名称、適切な体の接触、身体的な距離、衛生管理、自分の安全などをきちんと教えましょう。

▷ 友好関係と社会的関係の部分は、主に、ソーシャルスキル、人との関わりにおける力関係、難しい状況でのコミュニケーション、感情を適切に伝えること、拒絶を受け入れることの学習を意味します。

▷ 親密な性的関係には、お互いの同意の下のもの、または独自で行うものがあります。

親は、人間が生きていく上での性の役割については、すでにそれなりの信条をもっていることでしょう。それは、宗教や文化、その他の要因に影響を受けているかもしれません。性と知的障害に関する最近の文献には、次のようなことが一般的に提案されています。

▷ 愛する人との関係における性行為について話し合う。その関係とは、時間をかけて育ててきたもので、パートナー間にバランスが存在する。親がこのことを子どもと話す上で、いくつかの情報源がある
▷ 考えられる、また、もっとも通常行われる性行為について話し合う。本質的に、膣、肛門、または口によるものである。もし親がこれらについて同意していない、または経験したことのないものが含まれているとしても、子どもは経験するかもしれない。その場合に、安全に行うことが求められる（巻末の参考資料）
▷ 避妊や性感染症に関する情報を教える

　女性が初めて性交を行う時には膣の処女膜が破れて、少し出血をするかもしれないことを、男性も女性も知っておくことが大切です。親は娘に対して、生理中ではない限り、出血は一度だけ起こるはずだと教えておく必要があるでしょう。それを知っておくと、自閉症者は、知覚的な問題がある場合でも、不安や苦痛を感じずにすみます。男性のペニスは、女性の膣に挿入される前に勃起していなければならないことを、男女ともに知っておくべきでしょう。

1 英国の意思能力法（The Mental Capacity Act 2005）

　イギリスの現在の法律では、性行為への同意を示す能力に関する内容が定められています。性的関係が不可欠な要素の一つである婚姻関係は別として、本人ではない人が性関係にいたる過程を強要することはできません。性行為に対する同意能力があると見なすには、次に挙げる内容を自覚、理解していることが実証されなければなりません。

- 性行為の方法に関すること
- それに伴う健康上のリスク、特に性感染症の可能性について
- 男女間の性行為の結果、女性が妊娠をする可能性もあるということ

　イギリスの意思能力法は、自閉症者が性行為に関して決断を行う権利を守っています。また、同意を示す能力が備わっていない人たちについては、欠けている部分を学習する支援が受けられるという内容も含まれています。現在の法律は、重度自閉症者（そして、知的障害のある人たち）も、性に関する事がらについては、他の人たちとまったく同じ権利を有することを保障しています。しかしこの法律は、もともと知的障害者を暴力や性搾取から守るためにつくられたものです（知的障害、性、そして法律：Learning Disability, Sex and the Law, 2005）。

　イギリスで2012年2月に起きた事件を通して、同意能力の概念に関する法的な落とし穴が明らかになりました。この事件では、自閉症と中度知的障害のある知能指数が64の女性に対して、性的関係をもつことを禁止するという判断が下されたのです（家族法だより：Family Law Week, 2012）。ヘドリー裁判官は、この女性Hさんが性交の意味を理解していないため、性交の合意を正しく行うことはできないと判断しました。Hさんは地方自治体が運営する1対1の監視付きの住居に入れられ、監視の目なしではどこにも出かけられない状態となりました。裁判官は、性交に対して同意を示す能力がないと法的に判断し、この女性にとっては、この環境が一番だと判定しました（家族法だより：Family Law Week, 2012）。

　この判断は意思能力法に沿って下されましたが、裁判官は、Hさんという女性に性行為自体の知識をもつことだけを求めたのではなく、裁判官が思う性行為の「入り組んだ過程」の「道徳的、感情的な部分を彼女が理解する」必要があると考えたのです。ただし、裁判官は、このような能力を判断する信頼のおける方法がないこともわかっていました。

　Hさんには、性に関する情報を心にきちんと留めておく能力があるという理由から裁判官はHさんには性行為に対する同意能力がないという結論にもっていくことができませんでした。しかし裁判官は、この女性がその知識をもと

にして効果的な決断を下すことはできないとわかっていました。この女性が結婚への合意を下す能力があるかどうかについては、裁判官ははっきり評価しませんでしたが、結婚の大切な要素の一つで、結婚を成就するのに必要な性行為への合意に関する能力が不足しているという判断は、絶対的なものでした。

この判決の重要な点は、Hさんの状況における改善や成熟度の上達を見越して、彼女の事例を常に見直すべきであるという判決が下されたというところにあります。この判決が下されたことによって、もし誰かがHさんの同意の下に性行為にいたった場合でも、Hさんの合意は無効と見なされ、その相手は深刻な性的虐待で有罪判決を受ける恐れがあります。この事例は、その先駆けとなる事件なしには成り立たなかったでしょう。2011年、保護法廷は、複数の子どもに対するわいせつ行為と挑発的な言動により、41歳の男性のケースを審理しました。この男性は、知能指数が低く、Hさんの事例と同様、性的な関係をもつことを禁止されていました。

2 禁欲

禁欲とは、誰かと性行為をしたり、性的関係をもったりしないことを意味します。もちろん、マスターベーションやその他の単独で行う性的処理の方法は含みません。禁欲は、自閉症スペクトラムの人たちにとっての一つの選択肢でありますが、より重度の自閉症者には他に選択肢がほとんどなく、そうせざるを得ないといった印象をもちます。禁欲は、自閉症スペクトラムの人ではない人にとっての選択肢や実情でもあると理解してよいでしょう。

親がそれを適切か、または好ましいと考えるかどうかに関係なく、人との関係をもつことに憧れる自閉症児もいます。多くの重度自閉症者は、一般の人たちと違うことから、そのようなことはあまりないでしょう。親御さんは、本人たちが友好関係を築き維持する努力を手助けする以外に、実は多くの一般人も、時には自分の意志で、また時には適切な性のパートナーがいないという理由で禁欲状態にあることを説明し、子どもを元気づけるとよいでしょう。

何らかの関係をもっている場合でも、性行為をしないという選択をしている自

閉症の人たちも結構います。結婚をしているものの、どちらかに知覚的な問題がある、性行為につきものの体液で汚れることがいやだという理由で、性行為をしないカップルを私は何組か知っています。また性行為は、日常生活の中で習慣的に厳密に行うというニーズを満たさなければならないという点が、きわめて管理的で時間割的であると感じている人たちもいます。

3 コンドームの使用

　性感染症や妊娠を防ぐために、男性も女性も、コンドームの装着方法を学んでおくべきでしょう。自閉症スペクトラムではない人たちは、勃起したペニスと同じサイズの物体、たとえばバナナや人参など家で簡単に手に入るものを使って装着方法を学ぶこともあります。自閉症の人たちは、このような方法を習うと混乱して、コンドームを使う本来の意味がわからなくなったり、「安全な」性交渉をしようとバナナにコンドームをかぶせたりしてしまうかもしれません。

　勃起したペニスのような形状のものはいくつもありますが、若い人たちはそのような知識を自分たちの性行為に取り入れたりします。ここでいくつか重要な点を挙げておきます。

- 男性は、精神的なプレッシャーを与えないために、性行為の相手がいないところでコンドームをつけない
- コンドームのサイズに合う程度にペニスが勃起していなければならない
- 射精の後、ペニスが柔らかくなった後、パートナーの膣からペニスを抜かなければならないが、その時にコンドームが取れないよう、コンドームの縁をしっかり押さえる
- 水性の潤滑油だけ、コンドームと一緒に使用してもよい

4 性感染症

　性感染症は、性行為に及ぶことを選んだ結果、起こる可能性があるものとして、

自閉症の人たちにも教えるべきでしょう。無防備な性行為に及んだ場合、さまざまな性感染症を引き起こす可能性があります。男性の場合、その影響はかなり速く現れ、たいてい次に挙げる症状の1つ、または複数が見られます。

▷ ペニスの先や肛門に炎症（赤み）が出る
▷ ペニスの先や肛門から、精液でも尿でもない、悪臭の、または緑色や黄色の液体が出る
▷ ペニスや肛門のあたりのかゆみ
▷ 陰毛のあたりが明らかに蝕まれている（シラミなど）
▷ ペニス、特にペニスの先に、膿疱や白い斑点（カンジダ）、いぼができている
▷ 排尿時に痛みがある

女性の場合は、性器が内側にあってよく見えないため、炎症が進むまでは症状がはっきりわからないかもしれない。よくある症状は次の通りである。

▷ 膣から悪臭のする、緑色、または黄色のおりものが出る
▷ 膣口や陰唇の周りに白い斑点や膿疱がある
▷ 膣の入り口や陰唇のかゆみ
▷ 陰毛のあたりが明らかに蝕まれている
▷ 腹痛
▷ 排尿時や性交時の痛み

これらの症状の多くは、性感染症以外の要因によって起こることもあります。おむつをつけている重度自閉症者の場合は、感染や炎症がよく見られますが、その原因や治療法を判断してもらうために必ず医者の診断を仰ぎましょう。女性の腹痛も、紛れもなく女性によく見られる諸々の健康状態によるものであることが多く、きちんと医者に診てもらうことが必要です。

性感染症の治療は、泌尿器科の専門クリニックやかかりつけ医で受けることができます。泌尿器科では、他の専門家と同じような方法で自閉症者を診てくれる

はずです。眼科医が視力を測って眼鏡の処方箋を出してくれるように、泌尿器科医も性感染症である患者を助けてくれます。泌尿器科クリニックとは何か、またどのようにしてクリニックを見つけ連絡をすればよいのか、本人が理解できる限り、知っておくべきでしょう。多くの親たちは子どもを保護したいと思うでしょうが、性に対して自分で決断のできる子どもは、たとえ泌尿器科のお世話になる必要が出てきたとしても、親にそのことを知られたくないと考えるかもしれません。親が子どもに教える上で役立つ情報源を（巻末221頁〜）に紹介しています。

5 同性愛と両性愛

同性愛と両性愛は、しばしば宗教的、道徳的な考えが影響し、感情によって特徴づけられる領域です。両性愛は子どもの頃、思春期前の時期にはよく見られると言われますが、実際には人口の5％くらいにまで減っていきます（マスターズ、ジョンソン：Masters and Johnson, 1988）。自閉症者の性に関する研究は、これまでほとんど存在しませんでした。ある小規模の研究では、自閉症者の35％が異性に対して性的関心をもち、9％は同性に性的関心をもっているという結果が出ました（ハラコポス、ペダーセン：Haracopos and Pedersen, 1992）。

重度自閉症者に、同性愛者や両性愛者の割合が少ないとする根拠はありません。性教育を行う際には、個人的な性的嗜好に関する判断は抜きにして、なるべく安全に性的な接触を行うための情報を提供することに重きをおくべきでしょう。特に性行為への同意に関しては法律で定められていて、最少年齢（イギリスの場合16歳以上）を守ることに加え、学校やその他の公共の場所での性行為が禁止されています。その中に、同性愛者や両性愛者の重度自閉症者に対して、法的な妨げとなるような内容は書かれていません。

6 性具

性具とは、性的な満足感を高めるバイブレーターなどのさまざまな道具のことを意味します。質の高いものが、使用中に体に傷をつけないという意味で「安

全」と見なされていて、自閉症児がともすれば使ってしまいそうな家の中にある道具に比べれば、確かに安全です。親は、それを性風俗店と関連して考えがちで、その次には性産業で働く人たちにも結びつくことから、性具は「怪しげ」なものだと思う傾向があるようです。たしかに、親や自閉症者の世話をする人たちの多くは、性風俗店、また社会的にかなり受け入れられ、大通りでも見られるチェーン店「アン・サマー・ショップ」ですら、訪れることはあまりないでしょう。

　イギリスの代表的な健全な性を扱う慈善団体、家族計画協会は、性具の販売に関する情報をウェブサイトに載せ、質のよい性具を慎重に選ぶよう助言しています。親や自閉症者はオンラインで性具を購入することができ、商品は発送元などが何も書かれていない思慮深いパッケージで届く仕組みになっています。「欲求と満足感」の項目には、性具の手入れ法、性具を使った安全な性行為、性具の使い方などが紹介されていて、いろいろな種類の性具が売られています。

　性器の感覚が鈍るかどうかという意味で、性具を使用することによる長期の影響はないようです。使った後に無感覚になったとしても、ほんの数分です。性具を使うことで性欲が増すという証拠もありません。実際、性具を使うことで、性的なストレスを和らげ、暴力的、またはうつ状態にならずにすむとも言われています。性具の使用は、きわめて「実際の」性交に近い、性行為の違う形と見ることができ、単独、または合意があればパートナーと一緒に、安全に楽しむことのできる手段です。

7 ポルノ

　自閉症スペクトラムではない人たちの間で、ポルノ小説や画像を利用するのはごく当たり前のことです。雑誌などのメディアを通して簡単にアクセスできますし、インターネットでは簡単に手に入れることができます。重度自閉症者は、このような方法を簡単に試すことができないかもしれません。また、お店に行くことがない、または同行者なしでは、そのようなものを買うことができないという人もいるでしょう。そういう人たちは、代わりに、より簡単に家で手に入る、お店のチラシや女性雑誌に載っている画像を使うというのも一つの方法です。

自閉症の息子や娘に裸の写真などを見せるかどうかについては、子どもの脳裏に他人のそのような姿を焼きつけることをしたくない、つまり、そのような人たちが単なる空想の対象となるようなことを避けたいと思う親御さんもいるでしょう。表面的な答は、子どもが自分で手に入れることのできるものは使わせてやりなさい、しかし、それ以上のものを親が提供する必要はないといったところでしょうか。

　多くの自閉症スペクトラムではない人たちの性生活においては、空想がかなり大きな割合を占めます。重度自閉症者の場合は、認知的なレベルから判断して、親もそのことはそれほど重要ではないと考えがちです。しかし、重度自閉症者の多くが実際の親密な関係をつくる機会にほとんど恵まれないこと、性的に刺激を感じる人のことをただ頭で考えたり、その人に取りつかれたりする方が多いことを考えると、答は簡単です。

　自閉症に見られる知覚の問題によって、人よりも物体（たとえば、特定の手触りや色のあるもの）に刺激を感じる自閉症スペクトラムの人たちもいます。深紅のマニキュアで塗られた指、さらにつま先に性的な刺激を感じる人もいます。このようなことは奇妙な感覚として映るかもしれませんが、いわゆる定型発達の人が、どのような空想をしているかについての研究もほとんどないことを考えると、それこそ曖昧なのではないかと思います。

　性教育のカウンセラーとしての私の経験から言うと、空想を抱くものの種類は人の数ほど多数に存在し、中にはほとんどありえないような物もあるでしょう。定型発達の人たちの性生活と重度自閉症者のそれとの大きな違いは、定型発達の人たちは常に監視されることなく、自分だけで楽しむことに対して楽しむことに関しては、ほとんど誰からも分析されないという点にあります。

　重度自閉症者が子どもに特別な性的興味を抱くことがありますが、この件については本書で触れていませんので、その道の専門家の助言を仰いでください。そのような傾向が見られる背景には、身体的に大人になりたくない、発達したくないという気持ちが関係して、まだ陰毛の生えていない、そして、性器や胸部が大人とは違う子どもに興味をもつ場合もあるようです。そこで、自閉症児に対して、前向きに、タイミングよく、協力的な方法で性の発達について教えることがとに

かく重要です。

［14］不安

　青年期の人たちは、不安感から明らかに難しい状況に陥ることがあります。最もよく見られる不安の症状は、心拍数が上がることによる、心臓の鼓動、大量の汗、朦朧状態、呼吸困難などです。自分の感情を表現できる自閉症スペクトラムではない人たちにとっても、これらの症状すべては苦痛に感じるものです。コミュニケーション能力や、自分の感情を理解したり、特定したりする能力に限度のある重度自閉症児にとっては、状況はもっと深刻です。

　だからこそ、親は子どもをよく知っておくことが大切です。その他の身体的症状として消化器系の不快感が考えられますが、それには下痢、嘔吐、頭痛、口の渇き、嚥下困難、震え、頻尿などが伴います。いらいら、不眠、過敏、疲労といった心理的な影響は、自閉症児の場合、自傷行為、暴力、新しい自己刺激の行動、睡眠障害の悪化、固執行動の増加、悪化といった形で現れるかもしれません。

不安を軽減する方法

　不安を軽減するいくつかの方法を紹介します。
- 強い圧迫を用いたマッサージを行う
- 重みのある服や毛布をもたせる
- トランポリンを使って普通に跳ねたり、ブランコで心地よく揺れたりする
- 刺激を減らすために、子どもの食べ物を見直す（カフェイン、着色料、過度の糖分など）
- その日に行う活動が子ども自身で確認できるよう、視覚的な予定表を用いる
- 定期的に運動を取り入れる。有酸素運動、エアロビクスなどは特によい

本章では、重度自閉症児のために必要な、性教育の実施と健全な環境をつくる上での基本的な事がらをお話しました。第3章、第4章では、男性と女性のそれぞれの特徴について触れていきます。

第3章
男の子と男性

自閉症の男の子、男性の親は、自分が子どもの世話をできなくなった時に、子どもがなるべく自立して社会で生きていけるようにしておく責任があると私は考えます。性行為や性に関して言うと、子どもに一通りの知識やソーシャルスキルを教えることによって、子どもが性的虐待に遭う可能性を低くし、意味のある関係を築けるようになるという認識を強くもちましょう。さらに、子どもには性的能力があり、社会の一員であるという意識をもたせることにより、一生涯、影響を与えかねない性的虐待のような犯罪に無意識に巻き込まれるという事態を防ぐことができるでしょう。

　すでに身についている行動を変えることは、やっかいで時間もかかります。特に、お決まりの手順を生きがいにしている自閉症者にとってはなおさらです。公共の場でマスターベーションを行ったり、体を何かにこすりつけたりするといった、望ましくない性的な行動を完全になくすのにはかなりの月日がかかるでしょう。もしかすると、少し扱いやすいレベルにまでもっていくのがせいぜいかもしれません。したがって、何らかの性的な問題が起きる前に、性教育を始めるのが常に望ましいのです。

［1］ 体の変化

　男の子は10歳ごろになると、テストステロンという男性ホルモンが作られるようになります。その前に体の変化が見られることはめったにありません。親は、息子の心の準備のために、このような変化について前もって十分説明をしておくことが大切です。裸で行動することに関しては、家庭によってルールも違うと思いますが、息子と父親の間で、どのような体の違いがあるかについて話すというのも一つの方法です。「言葉を超えた本（Books Beyond Words）」という知的・学習障害者のための絵本には、男性の体の成長がわかりやすく紹介されています（巻末の参考資料）。

　男の子は次のことを理解しておくことが大切です。

- 体の変化は、一朝一夕で起こるものではない。まず、わきの下や陰嚢などに毛が生えてきて、徐々にその数が増えてくる。これが一般的に大人になっていく成長の一部である
- 将来は、陰毛が白髪のようになるといったように、体がゆっくりと変化していく
- このように体の外見が変わっていっても、息子に対する親の愛は変わらないということは、ゆるがない事実である
- 他の男の子たち（自閉症ではない男の子も含めて）、年を重ねながら同じような変化をたどっていく

[2] 徐々に起こる変化について伝える方法

　男の子が、少しずつ自分の体が変化していくことを理解するよい方法をいくつか紹介します。

- 自然を観察してみよう。屋内、屋外の植物が成長していくようすを見るとわかりやすい。
- 小動物を飼っている家では、それが時を経てどのように強く、大きくなっていくかを息子に見せ、たとえ変化しても同じ動物であり、ただ外見が違うだけで、変わらず愛されるということを説明しよう。
- 雑誌や新聞、漫画などには、少しずつ変化をするという意味を説明するのに役立つ絵や写真が載っているかもしれない。
- 男の子が成長して青年、成人になり、年老いていくようすはインターネットにも出ている。このような成長や老化は誰もが知る事実であり、人間は絶えず変化するということを理解しやすくなるだろう。

　親は、自分たちが教えようとしていることを息子がどの程度、理解しているのかを確認しながら、その情報を繰り返し教えこまなければなりません。発達が

ゆっくりであることには、いずれその時が来るだろうくらいに考える方がよいでしょう。実際親は日頃の観察から、自分の子どもの発達がゆっくりであることは十分わかっているでしょう。たとえコミュニケーション能力がかなり発達していても、多くの自閉症児は自分の体が変化している事実に驚き、できることならそれを止めたいと思うみたいです。

私の息子は、これらの体の変化について、私が教え始めた頃、「ジェードは小さな男の子、大きな男の子じゃない」と言っていた時期がありました。彼の体は実際にはまだ変化し始めていませんが、私は息子のことをよく「かわいい大きな男の子」と呼んでいるので、自分が大きくなっていくこと、そして、学校の友だちもまだ「小さい」けれども、だんだん大きくなっていくであろうということをわかっています。

［3］ 他に教えておくべきこと

◧ 体液、勃起について

液体の違いについて教えておきましょう。そのことによって男の子は、水っぽい液体とあまり流れていかない、べったりした液体との違いを体ではっきり感じることができるのです。これは、尿も精液もペニスから出るものだけれど、性質が違うということを、親は息子に説明しておくとよいでしょう。親が息子に夢精や勃起のことを教える時、親が説明した際に使ったいろいろな種類の液体は、実際にペニスから出てくるものではなく、出てくるものに似ているだけだと伝えなければなりません。インターネットには射精の瞬間に何が起きるのかを正確に現わす情報が載っています。ただ多くのサイトは、ポルノと呼べるものなのですが。

硬いものと柔らかいものの違いも説明しておきましょう。男の子に、より硬いものとより柔らかいものを見せて触らせてみましょう。これも、勃起のこと、あ

まり流れないタイプの白っぽい液体がペニスから出てくる時のこと、そして、おしっこをする時の柔らかいペニスについて説明をするのに役立ちます。ペニスが勃起した状態ではおしっこをすることができず、ペニスは硬い状態であってもまた柔らかい状態に戻ること、そして、その逆のパターンを、息子が確実に理解するよう親が教えなければなりません。

　ある重度自閉症の青年は、自分のペニスが硬くなった時にパキンと折れてしまうような気がして怖くなり、ペニスが勃起することを恐れていたという気の毒な話もあります。子どもの性の問題に直面する親は、息子が勃起を恐れるということに安心感を覚えるかもしれません。しかし、その青年は不安を抱え、自傷行為を始めたり、暴力的になったりすることもあるのです。

2 清潔感覚を養う

　息子をお風呂に入れる際、なるべく小さな時から、体をきれいにする、汚れを洗い流す感覚を教えるとよいでしょう。これは先々、息子に衛生管理について教える時に重要となります。つまり、男性ホルモンをより多く生成するようになると体をきれいにしておく必要があり、マスターベーションの後には、きれいに始末をすることも覚えなければなりません。自分で陰部を清潔に保つことを息子に教えることによって、他人を頼りにしなくてすみます。つまり、性的虐待を防ぐ一つの対策にもなります。

　包皮の下を刺激の少ないせっけんで洗えば、強烈な臭いを放ち亀頭に炎症や感染をもたらす原因ともなる恥垢がたまるのを防ぎます。包皮を優しくめくって洗わなかったら、ペニスから自然に出てくる潤滑液（尿道球腺液）がたまってくるでしょう。10歳くらいまでは包皮がペニスの長さにまで覆いかぶさってくっついていますが、それを無理に引っ張るようなことは絶対にしてはいけません。男の子がマスターベーションをし始めたら、包皮はめくれてきます。

　お風呂に入ることで、きれいな匂いと汚い臭いの違いをかぎ分けられるようになるでしょう。子どもは日頃から嗅覚の訓練を行っていれば、その感覚に慣れてきます。その感覚は、子どもが大きくなるにつれて、体臭や口臭に気づいたり、

自分が清潔かどうかを確認したりする上で必要です。体裁ばかりを気にしているかのように聞こえるかもしれませんが、どんなで親でも、息子が社会性をなるべくきちんと身につけ、世間に受け入れられることを願うはずです。もし、お風呂にも入らず、体臭のきつい男性がいたら、それだけで人から嫌がられることだってあります。子どもに「他人」という概念がなかったら体を洗うことなど気にする必要もないので、上に書いたことは他人の気持ちを汲むことも大切だということを教えているわけです。このようなスキルは、子どもが意味のある友好関係や親密な関係を築いたりする時に、何よりも大切になるでしょう。

　もう一つ言っておきたいことがあります。お風呂に入ることで、子どもは「濡れている」と「乾いている」の意味、その二つのカテゴリーの間のレベルを、早い時期から理解するきっかけがもてるでしょう。これは子どもが思春期に差しかかった時に役立ちます。何らかの液体が出てきて、ものが濡れたり湿っぽくなったりすること、翌日の眠りを快適にするためにシーツやパジャマを、どのようにして乾いたものに替えればよいかを本人が説明できたり、ただ単に理解できたりすることは非常に意味があります。これは、夢精に対処する時、きわめて重要となります。

3 体を洗う時に気をつけること

　子どもが自分で体を洗えるようになるために、2つのことを補足しておきたいと思います。まず、自閉症の子どもによっては、強迫性障害のような傾向をもち、自分の体を洗うことを課されたら、好ましくないレベルまで繰り返しやり続けることがあります。したがって、体を洗うことを例にとると、完全にできるようになるように息子と何度も「練習をする」というのではなく、汚いという感覚を取り除くための活動、または眠る前の日課として位置づけるとよいでしょう。

　次に「異食症」の症状をもち、食べたり飲んだりできない物体を口に入れてしまう強迫的な衝動に駆られる自閉症児がいることも覚えておいてください。異食症は、時に体内の亜鉛の不足によって起こりますが、これは子どもの体質で修正できるものではないため、親は一つひとつ子どもに説明しなければなりません。

体を洗う場合、どのようなせっけんや布を使うのかを考慮することも大切で、スポンジやボディーソープ、シャワージェルなどは使わないほうがよいでしょう。子どもへの害を最小限にとどめながら、子どもの自立を促すことができるからです。

4 自分の体の異変に気づく

　自分に対する感覚を育て、自分がどのように感じ、何が「普通」なのかを理解することは大切です。そのような感覚をもっていると、男の子の場合、通常の体の発達ではないかもしれない異変に気づき、それを親や世話をしてくれる人に伝えることができるからです。もし睾丸に悪性腫瘍のようなかたまりがいつもあることを子どもが自覚していたら、すぐに対処することができます。また思春期には、ホルモンの関係で肌の調子が悪くなることがありますが、これも成熟している一つのしるしです。幼いころから鏡で自分の顔を観察し、自分の体をよく見るよう促しておくことは、子ども自身が何らかの変化をきちんと認識するのに役立つでしょう。

　具合が悪い、または調子がよくないと感じる体の部位、そして、どのような病気にかかっていると思うかなどを、きちんと親に伝えられるよう教えましょう。これは、子どもがコミュニケーションを図れるようになったらすぐに始め、学校に行っても同じシンボルや絵を使って表現できるようにするとよいでしょう。図を用いて、子どもに「具合の悪い」部分を指させたり、その上に印をつけさせたりします。また、どのように具合が悪いのかを選択肢から選ばせたり、特定させたりするのです。「刺すような」痛みなのか、「心臓がどきどきするような」痛みなのか、「鈍い」痛みなのか。これらを子どもの能力に合わせて、色分けしたり数字で表したりするとよいでしょう。ムカムカするのか、それとも吐きたいのか、あなたのお子さんは感覚を伝えられますか？

[4] 体の部位

重度自閉症児には、自分の体の部位がわかるようにしておく必要があります。その理由は次の通りです。

- 具合の悪いところを特定するため
- たとえ痛みが伴わなくても、体に異変（たとえば、腫瘍など）を感じた時、認識できるようにするため
- 性的虐待が起きた場合、それを認識するため
- 性的虐待について説明ができるようにするため
- 親密な関係を育てるため

性や性教育に関することとして、次に挙げる部位は明らかに変化をしていくので、その部位や変化に伴って起こる現象を名前でととともに言えることが必要となるでしょう。

- 皮膚
- 声
- 体毛
- ひげ
- ペニス
- 睾丸
- 夢精

1 皮膚

肌、多くの場合、顔には吹き出物やにきびが出ることがあり、痛みを伴うこともあるので、子どもが自分に何が起きているのかわかっていないようであれば、

注意が必要です。私の息子は、鼻の上ににきびができて、自然に中の膿が出て肌が再生するまで、すべての神経をそこに集中させていました。明らかに痛いようでしたが、私が触ることすら許されない状態でした。

　ペニスや睾丸の皮膚は、性的刺激とともに、しわしわの状態からぴんと張った状態に変わりますが、それによって自閉症の青年は不安を覚えることもあります。亀頭の色も紫がかった赤い色に変化します。自閉症の青年が、勃起の前にそれをきちんと理解していたら、きちんと心の準備ができ、不安も軽減されるでしょう。勃起した状態のペニスの大きさを見たら気味が悪いかもしれませんが、絵や写真を使って説明するとよいでしょう。その際、大きさのめもりの入っていないものを探すとよいかもしれません。

2 声

　親は息子に、あなたの声は「激変する」といったようなことを言ってはいけません。子どもの支援に携わっている人たちにも、そのようなことを言わないようお願いしておきましょう。子どもには、大人に近づくにつれて声が徐々に低くなるけれども、痛みは伴わない、そして、元の子どもの頃の高い声には戻らない、ということをきちんと伝えることが大切です。

3 体毛

　青年になっていくにつれ、脇の下や胸、顔に生えてくる体毛と同じように、ペニスや睾丸のまわりに陰毛が生えてくることを、絵を使って説明しましょう。まず一か所か二か所の体毛が生えてきて、だんだん他の部位にも毛が生えてくることを確実に伝えましょう。思春期について説明する絵の中には、体の各部位に、ある程度まとまった毛があっという間に生えるように見せるものがありますが、これは子どもを怖がらせる可能性があります。

　陰毛が生える時にはかゆみを感じるので、子どもはそれを知っておく必要があります。思春期になってもまだおもらしをする場合は、陰毛を注意深く刈るなど

して、より清潔にしておく必要があります。そうしないと、きれいに保つことが困難になり、陰毛に悪臭がこもってしまうでしょう。

4 ひげ

　ひげが濃くなるにつれ、主にかゆみを感じるという理由で、ひげそりの必要が出てきます。多くの自閉症者は知覚的問題を抱えているので、ひげを剃らないという選択もあります。西洋の文化圏では、ほとんどの男性がきれいにひげを剃るか、または、あごひげや口ひげを蓄えていることも知っておくとよいでしょう。電気カミソリの感触や音に慣れるのには数か月かかることもあります。

　自閉症の子どもには、顔で試す前に、手の上で電気カミソリから出る振動を感じさせることから始めるのがよいでしょう。電気カミソリの上にカバーを付けておくと子どもは失敗しませんし、過度の刺激が直に伝わらなくてすみます。子どもが振動の感覚に慣れてきたら、カバーを外してみましょう。このようなタイミングは、すべて子どもがどれだけ自己管理ができるかによります。髪の生え際でもよいので、子どもに自分の髪の毛を剃る経験をさせてみるのも有効です。このような練習を通して、早いうちから、整髪のスキルを身につけさせるのはよいことです。

　このような経験を積んでおくと、自閉症児は、青年期以降に社会生活を送りやすくなるでしょう。最近あるお母さんが、息子が幼少のころ散髪屋をとても嫌い、叫んだり、ものすごく苦痛を感じたりしていたエピソードを私に話してくれました。それはよくあることです。そして、そのお母さんは、息子を散髪屋に連れて行くことを完全にやめてしまいました。私がそのお母さんと話をした時点では、19歳にもなる男性が定期的に家で母親から髪を切ってもらっていて、それが5歳の時からずっと続いているとのことでした。息子が電気カミソリの振動に耐えられないという理由で、息子のひげ剃りまでやっていました。それでもまだ息子を散髪屋に行かせようとはしていませんでした。

　このお母さんの明らかに間違っている点は、息子の依存度を高め、散髪屋に出向いていくことで得る人との関わりや発達の機会を妨げているところです。散髪

屋というのは、他の男性とやり取りをしたり、自閉症スペクトラム障害ではない男性の行動を観察したりする格好の場所なのです。

　うちの10歳になる自閉症の息子は、散髪屋がとても好きです。散髪屋の待合椅子に座り、それから子ども用の椅子に座れるようになり、ついには理容師がはさみで彼の髪の毛を触ることに耐えられるようになり、髪の生え際にゆっくりとカミソリを当てて剃ることに慣れるまでには、何か月もの時間を要しました。特に私はシングルマザーで二人の子どもを育てているため、これは息子にとって、男の付き合いをしたり人を観察しながら学んだりするという意味で、またとない機会だと思っています。

　青年期の息子がカミソリを使いたがる、または電気カミソリに対して否定的な反応を示すようであれば、親はもう一度これまでやってきたことを試すべきです。家族の中にひげを剃っている男性がいるなら、どのように剃るかお手本を示してもらうのもよいでしょう。いくつもの切り傷をつくらずに練習ができるよう、最初は刃の部分を覆って試すのが賢明かもしれません。

　手と顔の動きをうまく合わせながらカミソリでひげを剃るのにはそれなりのスキルを要します。したがって、息子がひげを剃るために顎をどのように動かすかを練習している間は、親が息子の顔を剃ってやる必要があるかもしれません。最初は手を添えて練習をし、それから子どもが徐々に自分で剃れるようになるでしょう。これができるようになるまでは数か月かかることもあります。

　一通りひげ剃りができるようになったら、自分の身なりを整えることもできるようになり、外見に自信がもてるようになります。これは自尊心を育てる上で大切な要素です。親は息子が自分でひげ剃りができるようになるまで、十分な時間を与えてあげることが重要です。

5 ペニス

　青年期の男性は、排尿したり洗ったりしながら、自分のペニスについて熟知しておく必要があります。たとえまだマスターベーションを始めていなくても、すでに性的に刺激を感じ始めているかもしれません。自分のペニスは時々硬くなり、

ねっとりした、水っぽくない液体が下着にしみ出ることもあるということを、子どもが理解しておくことは大変重要です。自分のペニスを触りたくなるかもしれないし、勃起を促すような独特の誘惑に反応するかもしれないことも覚えておきましょう。

重度自閉症児は、明確な指導と心の支えがなければ、何か手に負えないことが起きていると思い込み、その結果、独りでの、またはパートナーとの性行為にまったく満足感を覚えることができなくなることもあります。ある研究によると、ある重度自閉症者は、射精時に生まれてこない何千もの赤ん坊のイメージが頭の中を支配すると話したそうです。またある人は、マスターベーションに伴う幻想に恐怖を覚えていることを明かしたそうです。

6 睾丸

何らかの病気や問題が起きた時に備えて、睾丸を、愛称ではなく、正確な名称で呼ぶことが望ましいでしょう。陰毛が生え、睾丸の大きさが変わることによって、男の子は不快感を覚えます。役立ちそうな絵や演習方法が載った参考資料のリストを本書の巻末に紹介していますので、親子で試してみるのもよいでしょう。

7 夢精

思春期の男の子は、眠っている間に射精して目を覚ますことがよくあります。きちんとした説明や本人の理解がなければ、重度自閉症児はこのことをとても恐ろしいと思う可能性があります。ちょうど夜尿症に取り組み始めた時に夢精が起きたという、重度自閉症者の夢精に関する皮肉なエピソードもあります。

液状のものが出て、寝ている間におしっこをしてしまい、親から怒られるのではと思い込む人もいるようです。そういった恐れがとてもひどくなり、寝ようとせず、その結果、暴力的になったり、苦痛を感じたりする若者もいます。このような事例があるため、先ほど、黄色い液体である尿と、白くて少しべたべたする、

あまり水っぽくない精液との区別ができることは大切だとお話したのです。

　徐々に成長するにつれて、どのような変化が起きるのか、その変化は喜ばしいことで、男の子なら誰にでも起きるということを、親は子どもに教えましょう。また、目が覚めた時に濡れている状態のある期間はいつか終わり、「大人の男性」になったら、ごくまれにしか起きないことを説明し、子どもを安心させるとよいでしょう。完全に大人になっても夢精が起きることもあると、子どもが認識しておくことも大切です。そうすれば、子どもが怖がらなくてすみます。

　夢精の後、きれいなシーツに替えてほしいと親に伝えることを教えましょう。または子どもが自分で汚れたシーツをはずして、自分で責任をもって新しいシーツに替えるよう奨励するのもよいでしょう。これは、子どもが自立性をより身につける上で、よりよい訓練となります。親が息子と一緒に学ぶ便利な参考資料もいろいろ存在します。

[5]　思わぬ時に自然に勃起してしまったら

　多くの自閉症者は知覚的な問題を抱えています。非スペクトラムの人たちには簡単に見えることが難しかったりする一方で、非スペクトラムの人たちにとって奇妙に感じるものを楽しんだりすることもあります。男性に性的な刺激を与えるのは、たいてい水着姿の人や運動をしている人の写真ではないかと思います。刺激の引き金が、金属製の入れ物、かかと、布に広がる金の糸であることはほとんどないでしょう。

　しかし、この一見「奇妙な」ものが、重度自閉症の男の子の性的な刺激になることがあるのです。明らかな引き金が何もないのに、公共の場で急に勃起している息子を見て、親はびっくり仰天し悩むことがあります。非スペクトラムの男性は、予期しない勃起が起こらないよう、性的ではないことを考えるように心がけるものですが、これは想像力や自分の気をそらす能力に欠ける自閉症の息子たちには通用しません。もし、そのような事態が起きたら、親は次のことを試してみ

るとよいでしょう。

▷ その状況から息子を離れた場所に移す
▷ 可能であれば、気持ちが紛れるまで、または勃起が収まるまで、勃起している部分を覆い隠す
▷ 何か体を動かすことをさせる
▷ 何か感覚を刺激するものを持たせる
▷ 決まった時間にマスターベーションをしてよいことを、子どもに確実に伝える

　この問題に対処する最も効果的な方法の一つは、刺激となっているものを突き止めることですが、それはあいまいなものかもしれないということ、そして、その過程でもしかすると気まずい経験をするかもしれないことを頭に入れておきましょう。その刺激となるものを突き止めたなら、子どものために本を作ってみましょう。その本には、その刺激の源を楽しめるような画像を入れるのです。子どもを刺激しているものの写真を雑誌や新聞から切り抜いて、子どもと一緒に本を作るとよいでしょう。子どもの考えを入れなかったら、この方法は意味がありません。なぜなら、何が息子を性的に駆り立てるのかを直感的に知ることができないからです。

　親はその本に、ただシンプルに、例えば「絵本」といったような名前をつけて、息子がマスターベーションをする時に使えるように置いておき、使わない時はどこかに片づけておくとよいでしょう。子どもが公共の場で性的に刺激を受けている場合、この本のことに触れ、家に帰ったら「絵本」を見てもよいと説明します。マスターベーションをする時、すでに本を定期的に使っているなら、思わぬところでの勃起はそれほど起こらないでしょう。また、本のことを約束したり、その状況や感覚を刺激するものから遠ざけたりすることで、予期せぬ場所での勃起の機会が減るでしょう。

[6] 性的倒錯

　性的倒錯とは、「性的嗜好の異常」として分類されますが、重度自閉症の男性にも非常によく見られる傾向です。例えば、下着を盗む、性的刺激を得るために他人の下着を身につけたり使ったりする、射精を加速するために蛇口や掃除機のホースといった物を肛門に入れるといった行動を意味します。これは子どもの頃の性的な経験に関係していることが多く、自閉症の人たちが性的な興奮を感じ、クライマックスに達するのに必要な儀式的な性行動と言えます。

　時に重度自閉症の男性は、下着を下までおろして排尿したり、トイレに入る前にジーンズのチャックを開けたりして、性嗜好異常だと見られてしまうことがあります。このような行動が出てしまうのは、性教育や公共のトイレを使う際のマナーが不足している表れです。

[7] 薬物と性行為

　重度自閉症児にどうしても必要だという事情ではない限り、特に脳がまだ発達を続けている20代にも満たない若い人たちに薬物を飲んでほしくないと私は思っています。しかし、暴力的な行動や自傷行為を和らげるために向精神薬が処方されることもあり、その薬の副作用で勃起や絶頂感への達成が難しくなり、性欲が抑制されるという副作用もあります（ミッチェル、ポプキン：Mitchell and Popkin, 1983）。

　薬物の長期服用が、特に性行為の減少につながるかどうかという科学的証拠は、まだ十分に出ていないようです。薬物の副作用に関するよく知られた研究の一つに、男性の乳房の肥大があります。このような問題に対する完全な解決とまではいきませんが、行動療法を用いることで問題が軽減できるという結果もあります。

極端なケースでは、教育的、行動的アプローチを試し尽くした時、抗男性ホルモン剤を注入するという方法もあるようです。効果が出るまで量を調整することができますが、なるべく少量であるべきだと考えます（リアルムート、ルーブル：Realmuto and Ruble, 1999）。

［8］お金を出しての性行為

障害のある息子に性の歓びを与えるために、性行為を職業としている人を雇う親もいます。親の道徳的判断基準がどのようなものであれ、親がこのような方法を選択肢として考慮する場合、頭に入れておくべきポイントがいくつかあります。

▷ この手のサービスでは、いろいろなタイプの女性が利用できるかもしれないが（その逆もあり）、特に自閉症者は異なる状況に合わせて、さまざまなルールをあてはめ理解するのが不得手である点がなかなか難しいところである
▷ 違法の場でお金を払って性行為をしようとして、女性を探すために路上で買春をし始めた場合、また女性がお金をもらって性行為をすることを拒否し、息子が暴力的になった場合などは、息子が法的に裁かれることがある
▷ 性行為のためにお金を払ったということで、息子の一般女性に対する見方をよくない方向に助長する可能性がある。息子は大いに自尊心を得るかもしれないが、その状況は間違ったものであり、普通の生活の中で応用することはできない

お金を払って性行為をすることによって、若い男性の性感染症にかかる割合が増加していることを心配する人たちもいます。私はこれについては反対の意見をもっています。私の知る限り、性行為を職業としている人たちは、そのような感染症に対して、特にエイズに対しては、鋭い意識をもっており、コンドームの使用をきちんと提唱しています。

私がここで最も主張したいのは、そのような経験が若い男性に継続的によい影

響を及ぼすという証拠が存在しない点です。むしろ、関係をもつ人がいないことへの葛藤をさらに大きくするという意味で、状況を悪くしてしまう恐れがあると私は考えます。たとえ機会やスキルに欠けていても、多くの自閉症男性は誰かと関係をもつことを望んでいます。

法律では、親はある程度、知識を必要とする選択ができない子どもに性交の機会を助長したり、仲介したりしてはならないと定めてあります。性行為に対してお金を払うことは、親が自閉症児の性に関して取り組んでいること、つまり性交の見返りに贈り物やお金、その他の恩恵を受け取ってはいけないと教えている事実と大きく相反します。仮にも親が性産業で働く人たちにお金を払ったなら、子どもに性搾取の機会を与えたことにもなります。

一部の知的障害者は、自分が「普通である」と感じる唯一の瞬間は、性交を行っている時だと言っています。それ以外は、運転することも、また自分の行きたいところに自由に、常に監督されることなく行くことも許されず、いつも子どものように扱われているからです。性行動が知能指数や言語コミュニケーション能力とは関係のないことを示しています。

[9] 公衆トイレの使用

男性の自閉症者が、公衆トイレでのマナーを学ぶ時に最も重要なことの一つは、公衆トイレの中で「何をすべき」で「何をすべきでないか」です。家のトイレで行っても許されるプライベートなことが、公共の場所では、ただ単に社会的エチケットに触れると見なされます。用を足している他の男性のペニスをじろじろ見たり、それに関して意見を言ったりしてしまって、警察沙汰になる、またはトイレにいた人たちから非難されるという結果を招くこともあります。

子どもの父親といった信用のおける大人の男性と一緒に公衆トイレに入ることにより、そこでの正しい行動を確実な方法で練習することができます。しかし、公衆トイレに入る前に何が求められているのかを物語や絵を使って教えることを

私は勧めます。台本に沿って繰り返し練習をしたりロールプレイをしたりしておくと、最初の練習がうまくいきます。いきなり問題が起きてしまったら、公衆トイレは怖い場所だというイメージを子どもにもたせてしまうことにもなりますから。

公衆トイレにおけるルール

①男性用小便器の場合
- 小便器には小便だけをする
- 人と目を合わせない。自閉症者にとって視線を合わせないことはいとも簡単のように見えるが、親が長年、促してきた視線合わせを、ふと行おうとする瞬間がある
- 小便をしている人のすぐ隣に立たない。人からなるべく離れた小便器を探すよう心掛けよう
- ペニスを出すためには、ズボンのジッパーを下げるにとどめ、くれぐれもズボンや下着を下ろさないようにする
- 小便をしている間は、きょろきょろしない。視線を上下に動かすか、まっすぐ前を見る

②個室の場合
- 個室のトイレは、小便や大便をするために使うが、小便だけをしたい場合は（上記のような）小便器を使用することが多い
- 個室に入る前に、洋服を脱いだり、ズボンのジッパーを下げたりしてはいけない
- 個室に入ったら鍵をしめ、洋服をきちんと着終わり、ジッパーを上げるまでは鍵を開けてはならない
- 他の個室や小便器から聞こえる音に関して意見を言ってはいけない
- 財布やその他の持ち物も携帯して個室に入る
- 用を足し終えたら、手を洗い、他人とは会話を交わさずにトイレを出る。確

認しておきたいのは、これは普段、親が子どものソーシャルスキルを伸ばす上で奨励していることとはまったく逆であること、公衆トイレでは、違う行動が求められていると子どもにはっきり伝えなければいけません

自分の子どもが大変重度の自閉症であるため、一人で公衆トイレを使うのは無理だと考える親御さんもいると思いますが、その必要が出てくることもあります。それは以下のような場合です。

- 男性自閉症者が女性と出かけた時に、トイレに行きたくなった場合。特に私のように片親で子どもを育てている場合は、それが大いにあり得る
- 男性自閉症者が、雇われた世話人とともに大勢のグループで出かけていて、一人だけトイレに行きたくなった場合。世話人とクライアントの人数の割合に関する規則は忠実で守られるべきだが、他のメンバーは外で待ち、あなたの息子が一人でトイレに行かなければならない状況も出てくる可能性はある
- 雇われている世話人の80−95％は女性で占められているという事実から、その人たちに付き添われて出かけている場合に、男性自閉症者が一人で公衆トイレを使わなければならない状況が出てくるのは当然である（マックコンキー他：McConkey et al., 2007）

第4章
女の子と女性

自閉症の女の子、女性の親として、できるだけ子どもが自立して生活できるよう子どもの能力を伸ばすことを目標にしましょう。歴史的に、女性は男性よりも弱く、より傷つきやすいと見られており、重度自閉症者に関しては、これがさらにあてはまることが多いように思います。甘やかしたり、身体的、精神的に傷つけられないよう対人関係や身体的接触の面でバリアを築いたりして、娘を保護しようとする親もいます。親が生きている間は、この方法も効果があるように見えるかもしれません。しかし、本当の意味で自閉症の娘を支えるには、親がこの世にいなくなった時に備え、先々考えられる最悪のシナリオに向けて親が準備をしておく必要があるのです。

　重度自閉症の女の子や女性に、性の知識を教え、友情を経験させ、コミュニケーション能力や対人能力を可能な限り身につけさせることで、性的搾取や性的虐待の被害に遭う可能性を減らすことができます。親が娘にどのような期待を抱いたとしても、娘は生理を経験し、性欲をもつことでしょう。体力がついて、性的感情に沿って行動したくなることもあるでしょう。もしきちんとした性教育を、しかも早いうちに受けなかったら、公共の場や他人の前で不適切な行動をとってしまう恐れがあります。最終的に、法的、司法的な問題に巻き込まれ、後々、いろいろな場に顔を出そうとする際に、厳しい制約が課せられることもあるかもしれません。本章では、このような問題に取り組んでいきましょう。

[1] 体の部位

　親は、娘が成長するにつれ自然に起こる体の変化に対して、準備をしておく必要があります。これは徐々に起きることで、ある日急に見た目が変わるということではありません。また、重度自閉症の人たちは、非スペクトラムの人たちのようになりたいと望んでいるため、女性はみんな同じように成長していくということを娘に理解させることで、本人は、その変化が受け入れやすくなるでしょう。

成長に対する不安は自閉症スペクトラムの女の子たちの摂食障害に結びつき、栄養不足が乳房の発達や月経の開始を妨げることもあります。

性教育という観点からは、次のような部分に変化が見られるでしょう。

- にきび
- 体毛
- 体毛剃り
- 乳房
- 臀部
- 陰部
- 感情
- 性欲

1 にきび

簡単なことのように聞こえるかもしれませんが、特に顔にぶつぶつができた場合に、これはいたって普通のできごとで、それはだんだんよくなって消えていくと説明しておくことが重要です。にきびは痛みを伴うことがあり、重度自閉症の女性はそれを「病」であると心配することもあります。また、ただ単にそれで気が散るということもあります。

思春期に顔がにきびだらけになる前に、何か決まった洗顔や軟膏を使ってにきびに対処することを教えておくとよいでしょう。親は、娘が目の回りに気を配りながら顔を洗う練習に付き合っておくと、娘が軟膏を使う必要になった時に、娘自身がどうやって塗布すればよいのか、すでに理解できていることでしょう。

2 体毛

第二次性徴に伴って生える腋の下や股間の体毛のことを、自閉症の女児にあらかじめ伝えておく必要があります。最初は1〜2本の毛が生え、それが徐々に数

えきれないほどになるものの、猿のように毛だらけになるわけではないと、本人が理解しておくことが大切です。広告や映画に出ている女性の真似をして、毛を剃りたいと思うかもしれませんが、足や腋の下に生えている毛は剃ってもよいけれども、膣の回りに生えている毛は剃ってはいけないとわからせなければなりません。

体毛が生えてくる過程でかゆみを伴うことがあるので、このことも予告しておきましょう。尿を漏らす傾向のある女性の場合は、可能な限り、陰毛を注意深く剃っておくとよいかもしれません。そうすることで、尿による臭いを防ぎ、清潔な状態を保ちやすくなります。

3 体毛剃り

何かを剃るという行為は、最初、難しく感じるでしょう。比較的小さな部位である腋の下は、鏡を見ながら、しかも剃る場所を露出するために一定の方法で腕をもち上げなければならないので、難しいかもしれません。範囲が広く、鏡を使わなくても見やすい足の毛を剃るのはいろいろな意味で簡単でしょう。公共の場でより目につくわきの下の毛を剃るよう娘に説得することは厄介かもしれません。しかし、足の毛は比較的楽に練習できますし、いずれは上手に剃れるようになるでしょう。または、まったく剃らないという選択肢もあります。

親が電動カミソリを選ぶのなら、そのジーという音を娘に感じさせ、その感覚や音に徐々に慣れさせる必要があるでしょう。それから、実際剃り始める前に、その感覚に慣れるよう電動カミソリを肌の上に何度もおいてみましょう。どのようにして電動カミソリできれいにするか教えておくことも忘れないでください。足や腋の下の毛を剃っていると刃がすぐに詰まってきます。電動カミソリを選ぶ際には、娘と一緒に行きましょう。知覚やその他の問題でそれが難しいのであれば、カタログやオンラインサービスを利用して選ぶのもよいでしょう。

親が昔ながらのカミソリを選ぶのであれば、シェービング・ジェルやフォームを使い、カミソリのカバーを付けた状態で、刃の動かし方を練習するとよいでしょう。娘が薄い取っ手のような部分を操ることに慣れたら、カミソリのカバーを外

して、ふくらはぎなどの範囲の大きな部分で練習させてみましょう。いつものように繰り返し練習します。親は基本的な情報を繰り返し伝え、刃のカバーを外して実際に使い始めるまでは、カミソリのカバーを付けたまま、その後カバーを外した状態で何度も練習することが大切です。

　ワックス脱毛も選択肢として考えられます。ワックス脱毛は、剃るよりもかなり長く、2～3週間はもつといわれていますが、痛みが伴います。脱毛クリームは回りがよごれるし有毒性があるため、何らかのトラウマ（心的外傷）につながる可能性もあります。多くの重度自閉症児は、自分たちが人とは違うことを非常によいと感じていて、ムダ毛剃りなどの通常の身だしなみを整える活動を進んでやりたがることがあります。ですから、親は子どもにムダ毛剃りの方法を選ばせ、マスターさせましょう。

　毛深い女性の場合、上唇の上の顔の毛を剃る方法を学んでおくとよいでしょう。多くの女性が50歳を超えると、顎から頬にかけての産毛を剃る必要が出てきます。多くの非スペクトラムの女性には、毛抜きやワックス、加水分解コラーゲン（加水分解という加工を施した動物由来のコラーゲンで、保湿剤として知られており、脱毛ジェルの成分とし使われることもある）の使用といった方法もありますが、痛みを伴う方法でもあるため、自閉症の人にはカミソリで剃る方法が一番だと思われます。

　自閉症の女性は、人生のサイクルの一部として体毛に変化が起きること、思春期から大人に移行すること、そして、歳をとってホルモンの不足により毛深くなるかもしれないということを知っておく必要があるでしょう。

4 乳房

　成長するにつれ、女性の胸は過敏になりやすいのです。何かに擦れただけでも痛みを感じることがあるので、親は娘にそのことを前もって警告しておくことが重要です。胸の大きさはさまざまで、思春期の間、乳房は成長し続けます。重度自閉症の女の子は、乳房の発達が徐々に起きること、そして月経が始まる前に少し膨らんでくることも理解しておく必要があります。

娘と一緒にお店に行って、娘の胸のサイズを測ってもらい、一緒にブラジャーを選ぶとよいでしょう。それによって娘は次のようなことを学びます。

▷ 胸のサイズや形は人によってさまざまである
▷ 特定のお店にいる「ブラジャーの専門家」だけが胸のサイズを測ってよい
▷ きちんとサイズのあったブラジャーを身につければ、背中の痛みや胸のあたりの不快感を防ぐことができる
▷ 外見に対して誇りをもち、自分のことを自分で管理する経験をもつことで自尊心や自己責任が高まる

　このような実践が役に立つと親が信じていても、重度自閉症の娘には通じていないかのように見えるかもしれません。しかし、洋服と同様、サイズの合ったブラジャーをきちんと身につけることには意味があるのです。ある程度時間が経ったら、娘のブラジャーを買い替えることも忘れないようにしましょう。
　娘にブラジャーのつけ方を教えることは大切です。特にブラジャーは体の個人的な部分を覆うものですから、親が子どもの自立心を育てる意味で重要です。親は、子どもがそのようなプライベートの課題に対して、なるべく完全な助けを必要としなくなるように見届けましょう。ブラジャーをつける最も手っ取り早い方法の一つは、前にホックのあるものを選ぶことですが、そのようなタイプのものは手に入りにくい可能性があります。
　他の選択肢として、ブラジャーのホックをまず体の前にもってきて止め、それからホックを体の後ろ側に回し、胸をカップに収めるという方法があります。その際、体を前かがみにし、乳房が左右のカップにきちんと収まっているのを確認してから、ブラジャーのひもを腕から通します。これをマスターするにはしばらく時間がかかりますが、いったん、できるようになれば、日課として、助けてもらわなくても自分で正しくブラジャーをつけることができるようになるでしょう。

5 臀部

　女の子の胸部だけでなく、臀部も発達し、母性をもつ（子どもを育てる）準備として、お尻がより大きく丸みを帯びるようになります。自閉症の娘がもしそのことを知らなかったら怖がるかもしれないし、十分な知識をもっていなかったり、その流れをわかっていなかったりしたら、摂食障害に結びつく可能性もあります。

6 陰部

　性教育で用いる「陰部」ということばは、医学的にいう「膣（子宮の最も下部にある子宮頚部に通じる開口部と経路部分」と「陰唇（外側にある弁）」「クリトリス（膣口に近いところにある敏感な小さな突起）」を包括的に意味する言葉として使われるようです。

　重度自閉症の女の子や女性は、膣から液体がしみ出て、下着に着くことがあると知っておく必要があるでしょう。その液体が出るとむずむずし、その後じめじめした感じになり、いずれにしても、知覚的な問題を抱える自閉症の人にとっては不快なものでしょう。常におりものシートをつけて、湿り気を感じたら取り換えるというやり方を好む女性もいます。出てきた液体の色や臭いを認識しておくことは女性にとって大切で、色や臭いに何らかの変化が見られる場合は、感染している場合もあるので、報告できるようにしておきたいものです。

7 感情

　親は子どもに、いろいろな感情があることを理解させ、それらをある程度、自分で予期することを覚えなければならないと教えましょう。そうすれば、たとえば、子どもが怒りや苦痛を表し始めた時に、親は自閉症が悪化していると思い込まないはずです。娘たちは、ホルモンレベルの変動によって、怒り、動揺、疲労、いらいらなどの感情を抱いたり、涙もろくなったりするかもしれません。それはある程度予測できるものなのだと本人たちに認識させることがとても重要です。

非スペクトラムのティーンエージャー（13歳から19歳までの若者）ですら、押し寄せる感情に打ちのめされるような感覚に陥ることがあるのですから、自閉症の子どもだって同じです。ただ自分で見通す力が少し足りないということを親は理解しておきましょう。

8 性欲

　女の子たちの体の外見が変わり、胸が大きくなり、ホルモンが波のように押し寄せるようになると、性欲が高まってきます。きちんとした指導がなかったら、彼女たちは誰かと性的関係に陥ったり、公共の場で不適切な行動をとったり、性的虐待を受け入れてしまったりする可能性が出てきます。もちろん、若い女性たちが誰かと身体的に、そして、合意の上で関係を徐々につくっていくというシナリオも考えられます。性的に成熟することは、前向きな経験につながるべきなのです。

［2］ 月経

　イギリスにおける初潮平均年齢は12歳で、知的障害や自閉症の有無に関係なく、中には8歳くらいで初潮を迎える女の子もいます。親は娘が大人になるにあたって、ふさわしい準備をしようと考えているのなら、早い時期に始めましょう。性に関して基本的なことを学んでいると出てくるいくつかの事がらと「月経」とは密接な関係があります。

　自己への目覚め、身体の発達、そして「不潔」と「清潔」の観念、「公」と「私」の区別などがそれにあたります。自閉症の娘に、月経の周期のような、今後、長い期間にわたる体の変化に対する準備をさせるためには、早い時期に性教育の基礎となるものを教えておくことがとても重要です。

1 生理とは

　娘たちは、人生のいずれかのタイミングで母親になろうがなるまいが、お母さんになるかもしれない時に備えて、体が準備を始めるということを知る必要があります。毎月、女性の体は卵子を作り出し、女性の体の中でそれが精子と結びついた時、胎児、そして赤ちゃんへと発達していくのです。精子は、男性、または男の子のペニスから出されるもので、粘りがあるものの、液体のような状態のものではないということを、若い女性は理解しておくべきでしょう。
　女性の子宮は、胎児をすっぽり包み込むようなスポンジ状の壁を作って胎児を守ります。女性の体の中で卵子と精子が結びつかなかった場合は、スポンジ状のものは剥がれ落ち、膣から血液として流れ出ます。これはケガと違い、すべての女性が毎月経験するものです。しかし、生理中には、体の痛みや腹部の締め付けるような痛みが伴うことがあると親は娘に説明しておかなければなりません。

2 生理痛への対処の仕方

　娘の生理が始まる前には、親が身体図を用いて、実際にどこが痛いのか、頭痛から足首の捻挫まで、一体どのような種類の痛みなのか、娘が説明できるようにしておきましょう。もし、娘が生理前の痛みを視覚的に表現できるのであれば、感情的になる、めまい、血を見るのが怖いなどといった、生理に関する追加の情報を教えておくと役に立ちます。
　自閉症の女児によっては、自分の生理痛を親に話したり、表現できないかもしれません。このような場合、娘がその痛みを難しい行動、時には暴力的な行動によって、または自分の手足を叩く、引っ掻くといった自傷行為によって表現しているかもしれないことをわかってあげましょう。
　また、マスターベーションをしたくなる感覚と似たものを股や下腹部に感じることもあり、このような行動が見られると、特に親はすぐさま感情的な対応をしてしまいがちです。痛みによって行動の変化が見られる、またはそれが予測できるのなら、生理の期間中、前もって定期的に鎮痛剤を飲ませ、痛みを予防すると

よいでしょう。イブプロフェン（非ステロイド系消炎鎮痛剤）、アセトアミノフェン（解熱鎮痛剤）といった成分を含む薬局で買える薬で十分ですが、現在、飲んでいる処方薬と一緒に飲んで大丈夫かどうかを念のため薬剤師に確認しましょう。痛みを緩和するのに、白湯を飲んだり温かいお風呂に入ったりするのも効果があります。

　娘が歳を重ねていくと、体がもう子どもを産む機能をもたなくなり、閉経を迎えます。人生のサイクル（加齢）と、45〜55歳の間で閉経することを、親はきちんと関係づけて教える必要があります。

［3］ 月経との付き合い方

　自閉症の人たちにとって、前もって警戒することと準備をすることは、何をさておいても、非常に大切です。視覚的な補助を使うと最も効果的に学べるかもしれませんが、他の感覚を利用した方法で学習するのもよいでしょう。たとえば、水に食紅を入れるなどして、血と同じような色の液体を用い、生理中に起こりそうなことを感覚的、視覚的に学ぶのも一つの方法です。その液体が生理ナプキンにどのように浸透していくのかを見せるのもよいでしょう。ただし、生理ナプキンのことを「衛生タオル」のようなことばで表現するのは、普通の乾いたタオルと混同してしまうのでやめましょう。

1 生理ナプキン

　経血の臭いがいやだといったような、知覚的な問題もなかなか予測しづらいでしょう。可能であれば、母親が自分の経血がついた生理ナプキンを娘に見せることで、娘は生理の血のにおいや見た目を最もよく理解できるでしょう。子ども自身は、一体どのくらいの血が出てくるのか、また、どっと血が出たり漏れたりした時に、どのくらい失血するのだろうと不安になるかもしれません。実際、生理

期間中に出る血液量の平均は30〜40ミリリットル程度なので、親はそれがどのくらいのものなのかを見せ、毎日この量が出るわけではなく、数日したら量が減っていくことを娘に教えることを勧めます。

　もう一つ重要なのは、経血の色や量が生理の経過とともに変わるということです。最初のころの出血は、ほんの少しでピンクがかった色かもしれませんが、だんだん量が増え、色も赤くなり、しまいにはそれが茶色っぽくなり、生理の終わりとともに量がかなり減っていきます。自分の生理ナプキン上で見えるものが、思っていた状態と違うことで心配にならないように、このような詳細の情報を伝えることは大切です。

　当然のことながら、出血というのはたいてい病気やけがに関係しているので、血を見ることでパニックに陥る人たちもいます。詳細の情報が娘の頭に入っていたら、もし何か異常が見られた時（出血量が異常な場合など）にはきちんと報告をしなければならないとわかるでしょう。そして、これは非常に大事なことなのです。異常な出血が、実は月経過多症と呼ばれる病気からきていることもあります。

　重度自閉症の女児の初潮が始まる前、実際の出血や感覚、めまい、痛みがなくても、生理ナプキンをパンティーにつけ、パンティーを上げる練習を娘にさせてみるとよいでしょう。色の薄い下着であれば、万が一、血が漏れてしまった場合は、予定表にあるナプキンを替える時間ではなくても、生理ナプキンを替えなければならないことがすぐにわかるのでよいでしょう。生理ナプキンをパンティーのどの部分にあてるべきか、親が娘の下着に油性ペンで印をつけてあげるとよいかもしれません。「羽根つき」の生理ナプキンを使う場合は、パンティーを上げる前に羽根がマチの回りを包み込むようにくっついているかを確認させましょう。そうしないと、粘着テープの部分に陰毛が巻き込まれて痛い思いをします。重度自閉症の女の子には、繰り返し練習することが何よりも安心なのです。

2 タンポン

　タンポンを使う女性もいます。重度自閉症の子どもがタンポンを使うのはあまりお勧めしませんが、子どもは人間として成長し続け、コミュニケーション能力

が発達し続けることを頭に入れると、これも将来の選択肢として考えてよいでしょう。母親がタンポン派ではない、または父親が娘の生理に関して手助けをしている場合は、女性の一つの選択肢とし存在するタンポンを目にする機会を取り上げないようにすべきです。タンポンを使うとより清潔感が保て、血が漏れて下着を汚す可能性を減らすことができます。自閉症の女性に不快感をもたらすこれらの状況が改善されるというわけです。子どもが指を使い膣のあたりを撫でながらマスターベーションをしているのであれば、タンポンを挿入したり抜去したりするスキルは身についているはずです。

タンポンは、サイズやアプリケーターの有無など、さまざまな種類があるので、いろいろと試してみましょう。親は娘にタンポンを挿入した時の違いを感じさせ、アプリケーターはどのような効果があるかを体験させ、タンポンが血を吸収したらどのくらい膨らむかを見せるとよいでしょう。アプリケーターは体の中に入れたままにしないことをきちんとわからせましょう。10代の時に初めてタンポンを使った私の友人は、アプリケーターを膣の中に入れたままにし、お母さんに取ってもらう羽目になりました。ちなみに、彼女は自閉症ではありません。

湿気を帯びた使用後の生理ナプキンやタンポンをトイレットペーパーで包み、小さな袋に入れて所定の場所に捨てる練習も娘にさせましょう。公共のトイレにある汚物入れを娘に見せ、どのようにして、それを開けて使い終わったナプキンやタンポンの入った袋をその中に捨てるかを教えましょう。

親が子どもに生理ナプキンやタンポンについて説明をする時に使えるシンボルや絵、写真を紹介した資料を巻末に載せています。ぜひ参考にしてください。

3 生理の時の衛生管理

自分の生理にどう対処するかを学ぶ際、万が一、血が漏れた時のために、生理中は濃い色の下着やズボンを履くことを奨励するとよいでしょう。親としては血が漏れていたら、子どもが生理ナプキンをもっと頻繁に替えなければならないことを視覚的に理解するきっかけになると考えるかもしれませんが、血を目にしたり、下着や衣服にしみ出たりする状況は、より不快感につながります。生理ナ

プキンを替えるタイミングは、湿っているように感じた時、または漏れたのを見た時まで待つのではなく、学校の休み時間ごと、毎食後、就寝前といったように、定期的に行うよう習慣づけさせましょう。視覚的にわかりやすい予定表を使うのも一つの方法です。重度自閉症の女児によっては、ご褒美を取り入れることで、自分の衛生や生理を上手に管理できるようにもなります。

　身体的、精神的に自分で生理の管理ができない娘の場合でも、生理ナプキンなどの「一式」と、他の女性と同じように出血があるという事実をきちんと説明しておくことが重要です。先ほども述べた通り、子どもがどれだけ人間として成長するか、親は予知できないので、かなり重度の自閉症児であっても、生理に関して最低限の管理ができるようなスキルを身につけるようになるかもしれないということを覚えていてください。

　娘の初潮が始まる頃までに、衛生管理の基礎として、入念に手を洗う必要を教え、その習慣を身につけさせるようにしましょう。いざ初潮がきたら、カレンダーに生理の日をわかりやすくつけておきましょう。そうすることで、生理が始まる1～2日前には無痛覚の状態といった、生理に伴う症状を親子である程度予期することができます。生理の周期は平均28日ですが、24～35日の間で始まることが多いようです。初めの頃は不定期になることもありますが、徐々に定期的になっていくでしょう。

[4] 衛生管理

　ホルモン、尿で濡れた陰毛や膣からのさまざまな排泄物、そして生理などを考慮すると、衛生管理が大変重要となります。自己衛生管理を娘に教える時、「前から後ろに」つまり、膣から肛門に向かって洗うよう教えましょう。大便の中には細菌が自然に潜んでいるので、肛門は感染の可能性がより高い部位といえます。もっとも「汚い」部位であるがゆえに、後ろから前に拭くと膣がばい菌で感染する恐れがありますから、肛門は最後に洗った方がよいのです。

防臭のためのデオドラントや匂いのよいせっけん、香りのよい化粧品などの存在を娘に教え、好きなものを自分で選ばせてみるとよいでしょう。これは自尊心や自己決定力を育てる訓練になり、それによって自分の衛生管理に責任をもち、とてもよい習慣を身につけることができるでしょう。重度自閉症の女性が、自尊心をもって自分の体を洗ったり衛生管理をしたりすることを、なるべく自分でできることが何よりも大切で、性的虐待の可能性も最小限に抑えることができるのです。

[5] 性交とは何か？

　親にとって、性のメカニズムは、対人関係に比べたら、それほど重要には見えないかもしれません。子どもには性に対して無知でいてほしいと望む親たちは、子どもが性行動に目覚めてほしくないと考えるでしょう。しかし、それは単に子どもに対して虐待への道を開いているようなものなのです。性交に関する正しい情報を教えましょう。

- 双方が関係を築き、性交をすることに合意していることを、女性側がきちんと理解しているかを確かめる
- どのように避妊をするかを理解する手助けをする。特にコンドームは、性感染症を防ぐと実証されていることを教える。
- 避妊について教える
- 性的虐待に関する認識を深める手助けをする
- 性的虐待に遭ってしまったら、正確に報告ができるよう導く

[6] 妊娠

　自閉症の娘が子どもをもつことに対して、どう思うかを親に尋ねてみると、娘がそのようなことを望んでいるかどうか、聞くこともできないという答えが返ってきます。これは人道的に見て、ごく普通の感じ方であり、子どもをもてるのであれば娘たちは「普通」であると思えるでしょう。性的関係をもたないままどころか、友情を築くことすら、重度自閉症の娘たちにとっては、かなわないことが多いのが事実です。しかし、親の目論見は柔軟にしておくべきだと私は、再度お伝えしておきたいのです。子どもは生きていく中で人間的にどれだけ成長するか、親は見積もることができないからです。

　親の個人的感情を覆すかもしれませんが、前出の章で述べた通り、自閉症の子どもは自分の性生活をもつ「権利」をもっています。最近出されたウィンターボーン調査（Winterbourne View Inquiry）の報告によると、イギリスの重度自閉症者全体のわずか300〜400人だけが施設に入る必要があり、この人たちは双方合意の性関係をもつ能力にきわめて限りがあると見られています（ボーランド：Borland 2012; 保健医療省：Department of Health, 2013）。

[7] 避妊

　若い女性が自分の体の変化や性交のメカニズムについて理解したなら、今度は避妊について教えましょう。コンドームは性感染症を防ぐ唯一の方法となり、望まない妊娠を防ぐ避妊にも効果があります。最近はより多くの避妊法があり、親たちですらそれらの利点について十分に知らない可能性があります。

　親は自閉症の娘に、社会生活の一部として、家族計画協会や性に関する専門家の指導を仰ぐことを教えるとよいでしょう。歯のケアを行う歯医者と、健全な性のために必要な家族計画協会の専門家を同等に扱うべきだと思います。あらか

じめこのような専門家に連絡を取ったり、クリニックを訪問したり、専門家に子どもの交友関係を話したりしておくと、将来、何らかの必要が出てきた時に、そのクリニックを利用しやすくなります。その際、親に連れられて行くことになるかもしれませんし、性交の相手を連れて相談に行くことだって考えられます。

家族計画協会の専門家は、女性にとって最も適切な形の避妊について、場合によってはクライアントが避妊薬を飲むことを覚えていられるかどうかの個人の傾向まで考慮して、助言をしてくれるでしょう。女性向けの避妊法には、錠剤、貼るタイプのもの、埋め込み式のもの、注射、子宮にはめ込む器具などがあり、それらはすべて医者によって管理されます。

[8] 不妊手術と妊娠中絶

歴史的に見て、不妊手術は、子どもをもつべきではないと判断される人が、妊娠しないようにするために用いられてきました。人々の考え方が変わり、性生活に対する権利が広く知られるようになり、それに伴って避妊法も改良されました。イギリスでは、純粋に妊娠を防ぐ（医学的な理由ではない）目的での不妊手術は、通常、法的な判断を必要とします。不妊手術自体は、人の性欲を妨げたり軽減させたりすることはありません。

妊娠中絶は、非スペクトラムの女性の間で稀なことではありません。中絶にあたって、女性の同意が得られていないと医師が判断した場合、女性の同意を得ることに加え、二人の医師がそれぞれ中絶の手続きを行うことが定められています。

[9] 乳房検診

乳房検診は、自閉症の女性も必ず意識的に行わなければならないものです。親

の指導で、娘が自分の体のことをきちんと理解し、全身鏡に自分を映して自分の体のことが完全にわかるようになったら、次は、何か違いが見つかった時、ひょっとすると、それが「異常」であるかもしれないことを見抜く力をつけてやることが大切です。ほとんどの女性は、片方の胸がもう片方よりも若干大きく、人によっては乳首が体の中央より外側に向いていたり、また乳輪（乳首の回り）が非常に黒ずんでいたりします。自閉症の女性が、自分の寝室や鍵のかかった浴室などの一人になれる場所で、きちんと自分の体を見ておくことを教えられていたら、このような体の特徴はきちんと自分でわかることでしょう。

もしも片方の乳首から液状のものが流れ出ていたり、乳首の形が変形していたりしたら、感染や妊娠、またはその他の病気である可能性があります。自閉症の女性が裸になっているところを他人が見ることはないので、どのような状態が正常で、どのような状態が正常ではないのかを本人が理解し、必要な場合は信頼のおける人に相談をし、医者にかかるという手順を踏むことが、健康維持のために何よりも重要です。

毎回生理の後には、乳房が腫れたような感じになることを重度自閉症の女性に教えておけば、感染にかかったり、良性または悪性の腫瘍ができたりした場合でも、本人はそのことをいち早く察知することができるでしょう。乳房検査を定期的に受ける習慣がついていたら、悪性腫瘍にかかりやすくなる年齢になっても、きちんとその習慣を保つことができるでしょう。

[10] 子宮頸がん検査

今すぐ必要ないとしても、娘に子宮頸がん検査について、おおまかなことを教えておくとよいでしょう。イギリスでは、25歳以上のすべての女性に子宮頸がんの検査が奨励されています。知的障害の娘をもつ親のために、このサイトには役に立つ情報が載っています。www.cancerscreening.nhs.uk/cervical/faq10html

自閉症の女性が健康で長生きをするために、この検査は欠かせないものの一つ

と言えるでしょう。しかし、検鏡を膣内に入れ、子宮頚管（膣の上の方）から細胞を少し掻き出す子宮頸がん検査を受けることを、本人が納得して実行しなければなりません。その細胞は専門の検査センターに送られます。

　看護師であり、重度自閉症の息子の母親でもあるジェーン・キーリング（Jane Keeling）が、ある50代の知的障害の女性の例を紹介してくれました。その女性は、尿漏れの症状がありずっと医者にかかっていたのですが、子宮頸がん検査を受けたところ、子宮頸がんにかかっていることが判明したのです。この女性は、その時まで一度も子宮頸がん検査を受けたことがありませんでした（キーリング：Keeling, 2006）。

　巻末に挙げているような情報を利用することによって、重度自閉症の女性でも、検査の間にどのようなことが起こるのかを視覚的に学ぶことができます。

　親が娘に、検査中は自分の呼吸に神経を集中させるよう教えておけば、娘は膣の回りの筋肉をよりリラックスさせることができるでしょう。ことばを話さない女性のためには「ちょっと待ってください」「止めてください」などの合図を、絵やジェスチャーを使って表すことを、あらかじめ看護師と打ち合わせておくとよいでしょう。

[11] 公衆トイレの使用

　親は、娘が公衆トイレを使うようになる前に、公衆トイレではどのような行動をとらなければならないのかをよく話しておきましょう。自閉症の女性がエチケットを理解しておくことは、将来、親がいなくても自分のことを自分で行う上で大切で、自立への鍵となります。公の場で受け入れられる行動をきちんと知っておかなければなりません。

▷ トイレの個室の外では、おしゃべりをしてもよい。実際、手を洗ったり鏡を見たりしながら、化粧や洋服の話をする場となっていることが多い

▷ トイレの個室に入ったら、おしゃべりをやめる。誰かがトイレットペーパーを分けてほしいと頼んできたような場合は、境目の壁の下から渡してもよい。また、二人の女性がトイレの外で話をし、それぞれが個室に入った後も会話が続いている場合は、この限りではない
▷（自閉症の女性にはあまり見られないが）人と目を合わせることはかまわない
▷ トイレの個室に入る前に、洋服を脱がない
▷ トイレの個室の中で、人の個人的な経験や活動について語らない。これは私的な情報である
▷ 生理ナプキンやタンポンをトイレに流してはいけない。個室内の汚物入れを使う
▷ トイレの個室を出る前に、指についてしまった血液や大便をきれいに拭き取る
▷ トイレの個室を出る前に、洋服が完全に元通りになっているかを確かめる
▷ きれいに手を洗う
▷ トイレを出る

第5章
適切な行動

重度自閉症のわが子が安全に、そして能力を身につけながら自信をもって生きていけるよう、親は可能な限りのことを子どもに教え、子どもが社会になじんでほしいと願うことでしょう。ただ性の問題が出てきた時だけは、親も難しいことに直面したという意識をもつのではないでしょうか。

　本章では、性と重度自閉症に関して、もっともよくある問題の実例を挙げながら、その対処法を紹介します。誰でも家庭ですぐに活用できるような手段です。問題ができ上ってしまって、手に負えなくなった時は、医療関係者、精神科医といった専門家から助言を得ることも必要になるかもしれません。

　不適切な行動が定着してしまうと、その解決、軽減には数か月、時には何年もの時間がかかることがあることを頭に入れておいてください。とにかく、性のことをきちんと知らなかったら、自閉症の子どもに次のようなことが起きる可能性があるのです。

▷ 公共の場で適切なふるまいができないために（公共で洋服を脱ぐ、乱暴になるなど）、さらに孤立してしまう（ストークス、カウル：Stokes and Kaur, 2005）
▷ 不適切な性関係（他人との性的な妄想など）をもってしまう
▷ 他人に対して、不適切な性行為を示してしまう（レイ他：Ray et al., 2004）
▷ 性感染症や望まない妊娠などの危険にさらされる
▷ 性的虐待の危険にさらされる確率がより高くなる
▷ 性犯罪者などによる法的な問題に巻き込まれる。イギリスでは、性犯罪者の対象が14歳以上とされる

自己や自尊心を築くことが、このような行動すべての土台となることを覚えておいてください。ここでは、性教育は段階を追って行うのが理想的であることを前提にして、性に関する差し迫った問題にまず触れていきます（90頁の図2を参照のこと）。

　非自閉症スペクトラムの子どもは、ソーシャル・ネットワークにアクセスして自分の性を表現することができますが、重度自閉症の子どもはそのようなアクセスがないため、他の場を利用するしかないということを特筆しておかなければなりません（コラー：Koller, 2000）。自閉症者の約30％は思春期になると問題行動が増加します（イーヴス、ホー：Eaves and Ho, 1996）。これは社会生活における一般的な興味が増す時期と一致します（マックゴーヴァン、シグマン：McGovern and Sigman, 2004）。

　このような行動が広い意味で、どのような影響を及ぼすのか、次に挙げてみます。

- 親は友人や家族を家に呼んで、ゆっくりくつろぐことができなくなる
- 親はお客さんを家に泊められなくなる
- きょうだいが友だちを家に呼んで、遊んだり泊まったりすることができなくなる
- 親は家から外に出られなくなり、社会的に孤立する
- 親が家から出られないために、きょうだいも家族と一緒に出かけられなくなる
- 子どもの問題行動が性的である場合、家に来て支援サービスを提供してくれるレスパイト（障害者などの家族を援助するための一時的なサービス）の人たちも、安全な状況が確保できないとして、来てくれなくなる

［1］ マスターベーション

　女性にとってマスターベーションは、男性のそれと同じ目的、意味合いをもちます。膣に何か物体を入れたり、自分の胸や乳首を触ったりしながらマスターベーションを行います。

　しかし、ブラジャーがきちんと合っていない、ブラジャーの材質で乳首がかゆく感じるなどの理由で胸を触ることもあり、そのことで人目を引いてしまうことがあります。

　マスターベーションはごく普通の性的行動です。知的障害の人々を対象にしたオーガズムに達する男女間の違いは、障害のない人々のそれと変わりないという研究結果があります（マスターズ、ジョンソン：Masters and Johnson, 1988）。この研究では、男性の74％、女性の54％がマスターベーションをしているということがわかりました。ちなみに、この点において男女間の差はないとしている別の研究結果もあります（ハラコポス、ペダーセン：Haracopos and Pedersen, 1992）。後者の研究では、マスターベーションの頻度と、オーガズムに達することとの間に強い相関関係があることが認められました（ハラコポス、ペダーセン：Haracopos and Pedersen, 1992）。

　したがって、自閉症の子どもがマスターベーションを行う時間と一人になれる場所をもっているなら、オーガズムに達することができたり、性的葛藤に伴う問題を回避したりすることができるでしょう。コミュニケーション能力の不足とマスターベーションの頻度との間には、明らかに反対の関係があります。コミュニケーションがうまくできない人ほど、マスターベーションに費やす時間が長くなるのです。より上手にコミュニケーションを図れる人たちは、ただ単に自分たちの性行為のことを研究者に話さなかったり、性関係をより多く築ける場合にはマスターベーションを行う必要が減ったりするという可能性はあります。

　14～17歳の男性の74％がマスターベーションを行っており、これは年齢とともに、またパートナーとの性行為の頻度の減少とともに増加の傾向にあります（ゲレス他：Gerressu et al., 2008）。知的障害の男性のわずか55％がマスターベーショ

ンを行ったことがあると答えていますが、これは自分の行動を報告することで否定的な反応がくるかもしれないと躊躇していると見ることもできます。マスターベーションは、自閉症スペクトラムの男性も非自閉症スペクトラムの男性にとってもごく普通の気晴らしで、多くの人にとってそれが唯一の性生活になっていることもあります。

1 重度自閉症の人たちは、なぜ人前でマスターベーションをするのか？

　自閉症の人たちが公共の場でマスターベーションをしてしまう理由はいくつかあります。

- 公私の区別を理解していない
- 感覚的に気持ちのよい状態を楽しんでいる
- 人の感情を理解したり、それに共感したりする能力に欠けている
- 自分の行動がどのような結果を招くか（たとえば、公共の場でマスターベーションをしてしまったら、警察官に拘束される）ということを理解していない
- 特定の物体をマスターベーションに結びつけて考える。自宅のトイレでマスターベーションをするよう言われている場合、よそで磁器製品を見た時に、便器の磁器とすぐに結びつけてしまい、そこでマスターベーションをしたくなる
- 特定の活動をマスターベーションと結びつけて考える。つまり、公共のプールに行った時など、裸になる時はいつでもマスターベーションをしてしまう

　このような行動はさまざまな場で起こりうるので、親は学校やクラブ活動の顧問、その他すべてのお世話をしてくれる人たちと密に連絡を取り合い、よい行動を強化するために、同じことばやシンボルを使って、同じメッセージを子どもに伝えることが重要です。私たちは「マスターベーション」ということばを理解していますが、子どもには「トムが自分のペニスを触りたい」といったような、明白で正しいことばをソーシャル・ストーリーやコミック会話の中で、どこでどの

ようにすべきなのか、きちんと説明しましょう。

2 マスターベーションに関する正しい導き方

　多くの親は、重度自閉症の子どもが、実際にマスターベーションをし始めて初めて学校に相談したり、その行動を減らしたり、止めさせたりしようとします。親はマスターベーション自体に対して、道徳的、宗教的な考えを強くもっているかもしれません。その結果、その行動を批判したり、抵抗感を示したりしてしまい、子どもがそれでも、または大人になってもマスターベーションを続けていたら、計り知れないほど罪の意識を抱くこともあります。

　万が一、公共の場でマスターベーションをしてしまったら、親は直ちにそれを止めさせ、子どもを厳しく叱り、手を引いてその場を離れるなどの行動を起こしてください。そうすることで子どもにマスターベーションを止めさせ、性的に自分の局所を触ることはいけないことだというメッセージを子どもに送ることができます。この方法は、子どもに、適切な場所で行動をとることをわからせるところにあります（つまり、自分の寝室で、ドアを閉めて、または鍵をかけて行う）。

　マスターベーションの予定を前もって立ててしまうと、それが決められた行動となってしまい、公共の場でも行おうとするといった極端な結果を招くことになります。予測が必要、想像力が欠けるといった自閉症の特徴から、性に関することがらのパターンを調整する必要が多く出てくるという研究結果があります（アシュケナージー、ヤーゴー：Ashkenazy and Yergeau, 2013）。短いスカートを履いた女性の写真を見た時にだけ性欲を感じる自閉症の息子、煙草を吸っている男性を見た時だけ性欲を覚える自閉症の娘、といろいろなパターンがあるのです。このような性の側面を考慮して、子どもの性行動を公共の目にさらすことなく、場所も時間も一般的に受け入れられる形にしましょう。

　尿漏れパッドをつけたり、脱ぎにくい洋服を着たりしている重度自閉症の人たちは、ある程度決まったマスターベーションの時間には、それらを外してやるといった寛大さも必要です。マスターベーションが終わったら、自分で服を着て、精液のついた自分の体をきれいにし、個人の時間が終わったことを親に告げるこ

とができる子どももいるでしょう。しかし、自閉症者の多くはこのようなことはできません。したがって、親はマスターベーションやクライマックスに達する邪魔をすることなく、子どもがマスターベーションを終わったかどうかを密かに確認する方法を見つけましょう。

体をきれいにすることについては、子どもがお漏らしをした後に、自分の体を洗う習慣と同じだととらえるとよいでしょう。子どもが自分の体を自分で洗えれば、親が公共の場で子どもの陰部に触れる必要もなくなり、親にとっては大いにプラスとなるのです。

3 マスターベーションのきっかけや理由

知的障害者の多くはマスターベーションをすることに罪悪感を覚えていて、その理由の一つは、障害がない人たちも行っているということを理解していないからだという研究結果があります。自閉症の人たちの生活を大事に考えている男性、女性たちが、自分たちもマスターベーションをやるのだと話すような機会があれば、上記のような否定的な考えを変えるきっかけになるのではないでしょうか。マスターベーション自体を、普通に自然にとらえるための情報源を巻末に紹介しています。

親は、子どもがどのような時にマスターベーションをしたくなるのかを観察しておくとよいでしょう。そのきっかけには、次のようなものが含まれるかもしれません。

▷ 一日の終わり
▷ 不安を感じている時
▷ 騒がしい場や群衆の中にいて、過度に感覚が刺激された時
▷ 親から離れている時
▷ 日課に変化が起きた時（たとえば、引越しや家族に赤ちゃんが生まれたなど）
▷ あいまいな要因（たとえば、ペディキュアを塗った時、銀色やその他の光る物体を見た時など）

自閉症の人には、一般的に予測の必要性や想像力の欠如などの特徴が見られます。これら二つの特徴が合わさって、性行動に関して儀式的な行いをとることがあります。マスターベーションをうまく終わらせるために、特定の「小道具」といった決まりきったシナリオを必要とする重度自閉症児もいます。決まった上着や靴下を身につけ、特定の音楽や映画の一部を聴いたり見たりして行うのです。これがないと、勃起できない、それが維持できない、またはクリトリスを硬直させることができない、それで気持ちよくなれない、その結果クライマックスに達することができない、ということです。

　もし、そのようなきわめて大切にしている小道具を親が取り上げて、子どもの性行動を変えようとしたなら、子どもは葛藤を覚え、その結果、暴力的になったり自傷行為が始まったりして、危険な方向に向かいます。何か似たもので置き換えることは可能でしょう。夜中に突如、自分のお気に入りのものを探してうろうろすることがあるかもしれませんが。

　マスターベーションは、重度自閉症者にとって次のような部分を充たします。大きくとらえると、「自己への癒し」「自己に対する刺激」と言えます。

▷ 快楽、興奮、満足を得る唯一の方法
▷ 社会から孤立している寂しさを埋める
▷ 心配や憂鬱な気分を和らげる
▷ 怒りや葛藤を和らげる
▷ 身体的な快楽を得る
▷ リラックスできる
▷ 性的興奮を和らげる
▷ 入眠を助ける
▷ 陰部の不快感を和らげる
▷ 痛みを和らげる
▷ 退屈しのぎになる
▷ 人に頼らずにできる数少ない活動の中の一つである

また、次のようなことがマスターベーションのきっかけになることもあります

- 感染
- 陰部を洗う必要のある時
- 不快感のある、または窮屈な下着を身につけている時
- 家の中、または映画やインターネットで、大人がマスターベーションをしているようすを見た時
- 友だちに接触しようとした時
- 性的虐待に悩んでいる時
- 薬の副作用。薬の服用によって、性欲が増したり、ストレスからクライマックスに達する能力が減退したりする

　定期的に、それがたとえ毎日でも、マスターベーションを行うのは、非自閉症スペクトラムの大人にとっては普通のことで、上記のような要因は非自閉症スペクトラムの人たちにも同じようにあてはまるのです。重度自閉症の人たちに関して何が難しいかというと、公共の場でマスターベーションをしてしまうことで、その理由には次のようなことが考えられます。

- マスターベーションのための時間が不足している、決まった時間が取れない
- 性体験の不足
- 公私の区別を理解することも含めた、性教育の不足
- 寝室におけるプライバシーの不足。部屋を誰かと一緒に使っている。ドアを閉めることや鍵をかけることを許可されていないという状況がある。
- 親、きょうだい、雇われている世話人が子どものプライバシーを十分に尊重していない
- 尿漏れパッドや脱ぎにくい洋服を身につけていることによって、自分の陰部に触れることが制限されている

　外傷がある、絶え間なくマスターベーションを行うなどの理由でクライマック

スに達することができなくなり、いらいらしたり、さらに繰り返しマスターベーションを行おうとしたりすることもあります。

ロックハート等（Lockhart et al.）による研究（2009）では、知的障害者の約50％が定期的にマスターベーションを行っているという結果が出ました。マスターベーションも次のような状況で行なうと「不適切」だと見なされます（ヒングスバーガー：Hingsburger, 1994）。

▷ 公共の場で行った場合
▷ 自傷行為につながる場合
▷ マスターベーションに没頭しすぎて、日常生活に支障が出る場合

4 重度自閉症の人たちが、満足のいく安全なマスターベーションができるようにする方法

自閉症者が安全なマスターベーションを楽しめるようにする方法をいくつか挙げてみましょう。

▷ 性行動に関する公私の区別を教える
▷ 自宅での日課の一部にマスターベーションの時間を組み込む。たとえば、学校や大学、作業所から帰宅した後、ペニスを触りたい気分かどうかを、いつも決まったシンボルやことばを使って尋ねる
▷ 寝室のドアを閉め、可能ならば鍵もかけて、一人になれる場所を提供する。ただし、緊急時には鍵を開けて外に出ることをわからせる
▷ きょうだいを含む家族が邪魔をしないことをきちんと伝える
▷ マスターベーションの仕方、クライマックスへの達し方について書かれたパンフレットやお話を読む（巻末の資料参照のこと）。どのような資料を使ってもよいが、マスターベーションを行いクライマックスに達するまでのようすを示す絵、事後の体の洗い方を説明する絵が描かれていることが望ましい。性教育用に作られた

人形もある。学校と密に連絡を取り合うことも大切である
▷ 皮膚や組織がすりむけないよう水をベースに作られた潤滑油や、クライマックスに達した後、きれいに拭くためのウェットティッシュを渡しておく
▷ 公共の場で自分の性欲をうまく収めるための方法を教える。たとえば、抱きしめられるおもちゃや知覚を刺激する物体を握りしめたり、手で触ったりするなどして
▷ マスターベーションに集中できるよう、陰部の回りに不快感のない服を身につけさせる。身につけているものが、緩すぎる、締めつけすぎる、折れ曲がっているなどの状態で性的刺激を促していないかどうかを確かめる
▷ 肛門の中や回りの触覚は大変敏感である。子どもが射精を早めるために肛門に入れる物体を使っているのであれば、バイブレーターなど性的遊具として認められている「安全な」ものを買ってやる（巻末の資料を参照のこと）

5 安全ではないのに性行為に使われている物

　非自閉症スペクトラムの青年や大人は、性行為の時に必ずといってよいほど器具を使います。それは、バイブレーターと呼ばれる電池式、または充電式の、通常ペニスの形をしている振動する器具であったり、その他の性的遊具であったりします。また、家の中である道具であったりします。性カウンセラーとしての私の経験から言うと、後者の道具というのは、ガラス瓶や制汗剤の入った小型缶から、バナナ、人参、棒状のチョコレートといった食品までさまざまなものを意味します。
　これらのものを一人で、またはパートナーとともに、性的興奮のために膣や肛門に入れるのです。パートナーとの性行為のレパートリーとして予め計画してこのような道具を使う場合もあれば、たまたま手の届く場所にあるといった理由で行き当たりばったり、ちょっと使ってみるという場合もあるようです。
　ここで重度自閉症児について考えてみると、友好関係を築いたり維持したりすることが特に不得手であることから、どうしても一人で性行為に及ぶことが多くなります。それは手や指を使ったマスターベーションであったり、行為を激しく

するために物体を使ったりすることを意味します。男性の中には、マスターベーションをしながら、肛門から直腸に何か物を入れて、直ちに射精をするという人もいるようです。何か邪魔をされていると考えることで、気持ちが高揚するのかもしれません。

　重度自閉症の人たちの場合、通常、街中やオンラインで簡単に購入できるバイブレーターなどの「合法の」性的遊具にアクセスできないかもしれません。このような品物を買うことについては、もちろん子どもがどこに住んでいるかにもよります。親と一緒に住んでいる場合、親はどのような態度をとるでしょうか？寮のついた施設に住んでいるのであれば、郵便局によって届けられるそのような商品は、寮で受取り物に対する制限がないとも限らないため、本人の手元に行き渡らないかもしれません。このような事情があるために、重度自閉症の人たちは、家の中にある物を使って性的満足を得ることになり、それが好ましくなかったり、危険でさえあったりするのです。たとえば、小さな缶のふたで膣や肛門壁を擦りむいたり、食べ物を使ってカンジダ症（鵞口瘡）や真菌感染症を引き起こしたりすることもあります。壺などの硬い物体を使うと、あざができたり、傷ができたりする可能性もあるでしょう。

　自閉症にはさまざまな感覚に問題があり、知覚した刺激によって性的に興奮する場合、その問題は重要な意味をもちます。革のベルト、シルクのような下着、ゴム手袋などの決まった物を使うと触覚が高まる傾向があります。特定の香水、汚れた下着、煙草のにおいは鼻に残りやすく、それが性行為の引き金になることもあるのです。視覚的には、武器、特定の色やスタイルの髪が性的興奮をよぶこともあります。自閉症の人たちは考え方がこり固まっていて、決まりきったことに従う傾向があるため、一度、特定の習慣が身についてしまうと、それをもっと適切なものに置き換えて性的興奮を高めることは難しくなるでしょう。

6 安全ではない物を使うことに、どう対処するか

　性的興奮のパターンがまだ確立されていないのなら、「公式の」性的遊具を買うことによって、好ましくない物体を使う可能性を阻止しましょう。「公式の」性

的遊具は、家族計画協会を通して注文できます（巻末資料を参照のこと）。親は子どもと一緒に、使ってもよい道具を選びましょう。この話し合いの過程があると、子どもが決断に関わったという理由から自尊心を高めることができ、マスターベーションや性行為を行うことに対する罪の意識を減らすことができます。

親は、薬局で簡単に購入できる水分主体の潤滑油を子どもに教えるとよいでしょう。子どもが特定の香水や匂いによって性的興奮を覚えるのであれば、それを寝室で使えるように用意してあげましょう。公共の場では、非自閉症スペクトラムの人たちも同じように性的な衝動を抑えたり制限したりしています。親は、自閉症の子どももそれと同じことができるよう教える必要があります。

[2] 不適切に他人を触る

不適切な行動とは、他人の体の一部（胸部、臀部、陰部など）を触ることを含みます。これはよく、衣服を通して、他の人に自分の体の性的な部分をこすりつける行為を指します。自閉症の人は、相手を知っている、知らないに関係なく、自分の陰部を触りながら、人の体に触れることがあります。人の髪の毛を撫でる行為もその一つですが、それは一見無害のようにみえるものの、それを赤の他人にやってしまうと、性的暴行として見なされることがあります。

家で親が許している行動を見直し、公共での、または知らない人と一緒にいる時の行動を把握しておくことは大切です。自閉症の人たちは、それぞれ違う場所で何が受け入れられるのか区別することが苦手であるので、子どもが理解できるように親が教え込まない限りは、どこにいても同じ行動をとってよいと思い込むでしょう。親が子どもに、誰に対して簡単に触れたりハグをしたりしてはいけないかを教えたら、これまで無意識にやっていた、親の髪を撫でるといったような行動は、どのようなレベルなのかがわかるでしょう。

・**不適切に他人を触わることにどう対処するか**

　体の私的な部分とはどこなのか、親は子どもとおさらいしておきましょう。病気の時に診てくれる医者、自分の身の回りの世話をしてくれる人、または親密な関係にある人以外には誰も見ることのない体の「私的な」部分とはどういう意味なのかをまず説明する必要があります。

　女性と男性の体の私的な部分を視覚的にわかりやすく示す「体のゾーン」という図を使うとよいでしょう。図がカラーで描かれていたら、自閉症の子どもにとっては非常にわかりやすく、「触ってはいけない」部分に印をつけ、この情報を学校と共有することをお勧めします。たとえば、図の中で「赤のゾーン」という名前のついた赤い色で記されている部分は、体の「私的な」部分を意味します。カラフルな図で気が散ってしまう自閉症児の場合は、白黒にしましょう。

　68頁の図1は、「人との関係の輪」を示したものですが、家族など近しい関係にある人たちとはお互いの体に触れあうことも許されますが、それ以外の人たち（図の中で、友人、知人、知らない人のカテゴリーに入る人たち）の体の私的な部分を触ってはいけない、握手やハイタッチであいさつをする程度に留める、といった内容を、自閉症の子どもに説明しましょう。

　親は子どもに「腕の長さ」ルールを教えるとよいでしょう。絵やお話を用いて（マナスコ、マナスコ：Manasco and Manasco, 2012）、体に触れられることをまったく好まない人たちもいることを説明してください。

3　公共の場で服を脱ぐことについて

　ショッピング・センターなどの公共の場や、茶の間などの自宅の共有部分で、服の一部、または全部を脱ぐことを意味します。思春期に入るまで一切このような行動を見せなかったという重度自閉症の子どももいれば、親がトイレ・トレーニングを試みていたころから、家でこの行動が習慣になってしまったという子どももいます。

・公共の場で服を脱ぐ行動にどう対処するか

　この行動が見られるのはどういう時か、よく観察し、考えられるきっかけを書き留めておきましょう。感情的にならず、次のことを考えみてください。

▷ 服の着脱に関して、家での規則はどうなっていたか？　その規則を変える必要があるかどうか？

▷ 子どもは、下着のサイズ、生地、形に満足しているか？　窮屈な下着は、息子の陰嚢が温かくなったり埋もれてしまったりする。いずれにしても、子どもは下着を脱ぎたくなってしまう。きちんと合っていないブラジャーも同様の不快感を生む。痒みを感じる生地、新しい下着やくたびれた古い下着なども、不快に感じることがある。形に関して言うと、トランクスの場合、たまにめくれ上がって陰嚢や陰毛が引っ張られるような感じがすることもある

▷ この行動は思春期に入って始まったのか？　陰毛が生えてくることで気が散る自閉症児もいて、特に衣服を身につけている時や生殖器が成長している時に、その傾向が強くなる。下着の形を変えることで、その問題を緩和することができるかもしれない

▷ 上半身も脱いでしまう傾向があるのなら、それはもしかすると腋毛や乳頭、乳房が服に触れている感覚がいやなのかもしれない。どうすれば状況がよくなるかを説明しながら、ゆったりした服を着せたり、毛を刈り込んだり剃ったりするとよいだろう。敏感な乳房をもつ女性の場合は、ブラジャーの内側は、乳頭がひっかかってしまうようなレースではなく、柔らかい生地でできていて、ぴったりフィットしているかどうかを確かめよう。乳頭が硬直している場合、生地にこすれることも多いので、十分に暖かい状態かどうかを確かめよう。どれもうまくいかない場合は、女性の体が発達する思春期の間に限って、穏やかな効き目の痛み止めの薬を飲むことも必要かもしれない

▷ 娘の生理が始まってから、人前で服を脱ぐ癖が出たか？　その場合は、生理の期間中に起こる不快感、たとえば湿った生理ナプキンやその他の刺激が原因かもしれない。もしかすると、おなかの痛みや、生理中に変わるホルモンのレベルによって、ものすごく暑いと感じているかもしれない

▷ 服を脱ぐ行動は、尿漏れパッドと関係していないか？　自閉症児は、たとえ短い時間でも、尿や大便でじっとりした状態をいやがる

［4］ 合意のない抱擁（ハグ）

　知的障害の若い人たちは、合意なく抱擁をされると、非常に嫌がる傾向があります。自閉症の特徴でもある触覚を含む感覚の問題があるがために、人に近づきたいという気持ちに抑制をかけてしまいます。しかし実際、自閉症児の親は、自分たちの子どもに対して反対の見方をしています。つまり、自閉症児は人のところに駆け寄って行き、抱きつこうとして相手を押し倒したり、ただ単に強く抱いてほしいという態度をとったりするのです。

　親が自閉症の子どもとの関係の中で、このような親密的な態度をずっと望んできたのであれば、これは情熱があふれんばかりの、愛情のこもった行動に見えるかもしれません。しかし、相手が小さな子どもやお年寄りだったら、けがをさせてしまうかもしれません。特に「子ども」が完全に成長し、大人になっていればなおさらこの心配があります。そういうことが起きたら、その人たちはあなたの娘や息子、自閉症の子どもを避けるようになるでしょう。最悪の場合は、暴力とみなされて、警察が入ってくる可能性もあります。

　実際に抱擁を受けた人は、それほどいやな気がしているようには見えないかもしれません。多くの友人や家族が、自閉症の親を助けたい、これ以上の問題を抱えさせたくないと思っています。でもこの行動を許してしまうと、誰かからの性的、虐待の可能性を作ってしまうだけでなく、子どもが人と不適切に性的な関わりをもつことを助長してしまうことになります。自閉症の子どもは、普通の行動と親密を意味する行動との境界線をわかっていないのです。

・合意の下ではない抱擁に関して、どう対処するか
▷ どのような目的で子どもが、そのような行動を示すのか、きっかけを探ってみよう

▷ 友人、親戚、子どもの世話をしてくれている人たちの協力を得て、もし子どもが、そのような態度を示したら、笑いながらさりげなく拒否をする、微笑むなどの方法をとってもらって、この好ましくない行動を自然に増長させないようにする

▷ 「人との関係の輪」の図（68頁）を用い、特にあいさつに関して復習する。強い抱擁や相手を押し倒すような行為は、人にあいさつをする際に絶対にやってはいけないと教える

▷ 「腕の長さ」のルールを教え、ゲームに取り入れて練習をする。「人との関係の輪」のカテゴリーにしたがい、子どもが生活している場で考えられるさまざまな状況を適切に設定し、友人や家族にあいさつをさせる

▷ 不適切なあいさつに対しては、叫んだり感情を丸出しにしたりせず、なるべく控えめに反応しよう。好ましくない態度を取られた「被害者」に徹しよう。自閉症の子どもは人から注目を浴びることが多く、一般的に好ましくない行動をとった時には否定的な注目を集めるが、そのような行動こそ親がやめさせるように強化しなければならない

▷ 強い抱擁や相手を押し倒すなどの行動をとらなかったら褒めよう。子どもが喜ぶ物をご褒美にして、好ましい行動を強化するとよい

［5］ 不適切な行動

　自閉症の子どもの行動の裏に隠されたきっかけを、間違って解釈されることがよくあります。次に挙げる例のような場合は、子どもに最もわかりやすい方法で指導しましょう。そのためには、繰り返し教え、子どもがどの程度理解しているかを確認しながら行ってください。ここに紹介する実例は、性教育の基礎がきちんとできていない場合に起きる傾向があり、子どもが大きくなった時に初めて問題として浮上するのです。

1 性犯罪者のような行動

　重度自閉症の男性が小さな男の子の回りをうろうろしていたら、性犯罪者と見なされるかもしれません。子どもだけでなく、その親はさらに警戒感や恐怖感を抱くでしょう。しかし、一緒に遊んでくれる友だちのいない自閉症の男性にとっては、このような行動が社交の唯一の方法であったりするのです。同世代の友だちよりも、小さな子どもとのほうが、より楽に話せるからでしょう。

・性犯罪者のような行動にどう対処するか

▷「人との関係の輪」の図を一緒に見ながら、知らない人と（たとえ、それが小さな子どもであっても）話してはいけないこと、その人たちからも話しかけられるべきではないことを教える。もし、勝手に小さな子どもに話しかけたりしたら、その子どもの親は、自分の子どもが傷つけられるとたとえ思っていなくても、警察沙汰にする可能性があることをわからせる

▷一緒に話せる大人がいるような社交の場を見つけよう。どうかすると親は、子どもは重度自閉症で自分の世界に閉じこもっているから、人と関わる必要や要求がないと思ってしまうことがある。特に、そのような場がない時や、そこまでの交通手段を見つけるのが大変な時、そのような場をつくることは厄介で困難だと決めつけてしまう

▷子どもをいつも忙しくさせておこう。退屈や孤独を感じる時に、自閉症の子どもが何か楽しみや仲間を求めることは多々ある

2 ストーカー行為

　ある重度自閉症の女性は、公共の場にいる時は必ず非自閉症スペクトラムの男性をじっと見て、その人の家まで後をつけ、その人が家から出てくるまで待つという行動を取っていました。ここだけ読むと、ストーカー行為として警察が介入すべきことのように見えます。

　しかし彼女の言い分は、その人と今まで話をしたことがなく、その人にたとえ

奥さんや家族がいたとしても、その人のことが好きだということでした。つまりこの女性は現実では満たしたくても満たされない人との関係を、空想の世界で満たそうとしていたのです。

　自閉症の人にはこのような固執的な特性もあるため、彼らのニーズをきちんと予測しておくことが大変重要です。周りの状況を推測したり、人の感情を見通したり、また自分の行動が人にどのような影響を与えるかを考えたりする能力に欠けているため、人からきちんと教わらなかったら、そのような問題行動は続くでしょう。

・ストーカー行為にどう対処するか

▷ 仲間と付き合える社交の場に出ていけるような手助けをしよう。娘の付き合いの輪を広げ、社交的なことに関わることで、いつも忙しくしていられるようにしよう

▷ 「人との関わりの輪」の図を一緒に見ながら、対象となる人は、その輪の中でどこに位置するのか（つまり、それは「他人」の枠に入ること）を確認しながら、現実における関係をはっきりとわからせる

▷ 感情について一緒に学ぶ。まずは娘の感情について触れて、もし誰かに恋をしているのであれば、それについて触れるとよい。それから、その相手の男性の感情や、その人が知らない人から後をつけられたら、どのような気持ちになるかについて話し合う

　誰かに拒絶をされることに、どう対処するかについても教えよう。それには怒りが伴ったり、初めのうちは自傷行為という形で現れたりするかもしれない。その人とお付き合いできない理由の一つは、家族がいるからという事実には触れない方がよいかもしれない。相手への固執感情がエスカレートして、その人をその家族から引き離そうという固執行動に変わってしまう恐れがあるからだ。

▷ 後をつけるといった行為をもし続けていった場合、警察が介入する事態となり、ストーカー防止法の下、法的な処置を取られるということを明確にしよう。

▷ 自閉症の子どもがコンピューターのスキルをもっているなら、イギリスの国立自閉症協会によって行われているEフレンドリーのようなサービスが役に立つだろう。

3 露出行為

重度自閉症の息子が、自分のペニスを出して親に見せたり、服を着ていようが着ていまいが、親の手を引いて自分のペニスに触らせたりする行為について考えましょう。

まず、何よりも先に、この行為はもともと性的な意図がないのではないかというところから始めます。つまり、体の他の部位と同様に、じんましんなどから来るかゆみや痛みといった健康上の問題を訴えているのかもしれません。もしかすると息子は、自然に起こる勃起や、陰毛が生える、ペニスや陰嚢が成長しているといった陰部の回りの異変を感じているのかもしれません。自分の陰部に親の注目を向けることで、苦痛を「知らせようとしている」可能性もあります。

その行動が完全に性的なものであるのなら、息子のコミュニケーション能力や認知能力を考慮に入れるべきでしょう。非自閉症スペクトラムの若者は、自分の陰部を触ったり、時には異性や同性の友だちに自分の陰部を見せたり、触らせたりしたりしながら、自分なりに性の探求をしていることを忘れないでください。そういう子どもの親は、たとえそれが自分たちの奨励した行動でなくても、それは子どもの成長過程の一部として容認しています。

青年や大人の自閉症者も、彼らのコミュニケーションや認知的能力に合ったレベルで、家族や訪ねてきた友人、時には公共の場にいる人たちといった自分の周りの人たちを使って、非自閉症スペクトラムの人たちと同じように性の探求をしたいと思うでしょう。

・露出行為にどう対処するか
▷ 健康上の問題がないかを確かめ、専門的なアドバイスをもらう
▷ 絵や話を使って、予想外に起きる勃起、夢精、起こっている体の変化について説明する
▷ 私的な場所と公的な場所、また体の部位について教える
▷ 男の子の場合、マスターベーションの時間をある程度決めて、自分の寝室でドア、または鍵を閉めて、一人だけで自己探求ができるような時間をつくってやる

▷「人との関係の輪」についておさらいする

4 公共の場で服を脱ぐ行為

　思春期にある重度自閉症の息子が、家ではいつも下半身に身につけているものを全部脱ぎ、ズボンに足を通す代わりにシャツの袖に足を通し、服を着ることを嫌がるケースについてお話しましょう。

　これは自宅の共有スペースで起きたということで、公共の場で服を脱ぐ行為と同じと見なします。そのようなことが起きると、家族は誰もお客さんを家に招くことができなくなり、完全に混乱をもたらし、非常に迷惑を被ります。本人にとっては、ペニスや陰嚢の回りに生える陰毛の成長に伴い、服を着ていることで不快感を覚えているのかもしれません。シャツの袖に足を通す行為は、陰部の不快感をそれ以上覚えずにすむ、ズボンのようなものを身につけているというだけなのかもしれません。

・公共の場で服を脱ぐ行為にどう対処するか
▷私的な場での行動と公的な場での行動、そして体の部位について教える
▷トランクスなどの他の下着を試し、効果があるかどうかを見る
▷ジャージーなどの緩めのズボンを、下着をつけずに履かせてみる。熱のこもらないごく柔らかい綿の生地できたズボンを試し、硬めの生地を身につけた時に出るような感覚上の問題がないかどうかを見る
▷自分の寝室で、ドアや鍵を閉めて、下半身だけ脱いだ状態の時間を作るようにする。そうすることで、公共の場にいる時にも服を身につけていることができるようになるかもしれない
▷陰毛を短くした方が不快感を軽減できるようであれば、陰毛の手入れをすることも考える。この問題は一時的なもので、すべての体毛が成長しきったら、かゆみも収まり問題が緩和するであろう
▷コミック会話などを使い、行動に伴う感情について説明する

5 無意識に行うマスターベーション

　重度自閉症の娘が、上半身裸の男性を見ると、いつも突然、自分の陰部や胸を触りだすという事例を考えてみましょう。

　その女性は自分の服を脱ぐこともあります。そしてそれは海岸、プール、町の通りなど、あらゆる公共の場で起こり得るのです。一般的には、これは露出、または卑猥な行為として見なされます。その若い女性にしてみれば、ただ自分の性的な衝動に反応しただけなのです。

・無意識に行うマスターベーションにどう対処するか

▷ 公的な場での行動と私的な場での行動、体の部位について教える

▷ その行動を引き起こす原因を正確に突き止める。男性のあらわになった胸部であることは明らかかもしれないが、胸のある特定の状態が引き金になっていることも考えられる。たとえば、胸毛があるかどうか、胸毛の色、肌の色など。雑誌や新聞などに載っている写真を使って、娘が正確に何に対して反応しているかを確かめるとよい

▷ 正確に引き金になっている胸（または、自分の子どものケースにあてはまる対象物）の写真を切り抜いて本を作る。一日のうちの決められた時間にその「胸部の本」を持って自分の寝室にこもり、ドアや鍵を閉めて、それを見ながらマスターベーションをしてもよしとする

▷ 公共の場所で男性の胸部に反応して自分の陰部を触る行動が始まったら、胸の本の写真や絵を娘に見せ、家に帰ったらこの本を見ながら自分の陰部や胸を触ってよいことを伝える

　引き金があいまいな場合もありますが（銀のポット、マニキュア液、足の指輪など）、自閉症の子どもがもつ感覚的な問題に関係していることもよくあります。引き金を特定するために、偏見をもたずに正確に把握することが大切です。

6 好ましくない性的な発達

　母親が寝室にいる時、思春期前の息子が突然、母親の胸の上で手をこすり合わせ始めました。母親にとっては苦痛であり、暴行とすら感じるほどでした。息子にとっては、自分の衝動に素直に従っただけのことだったのです。

・好ましくない性的な発達にどう対処するか
▷ 母親として正確な筋書きを考えよう。いつそれが起きたのか？　母親は何を着ていたか？　母親はどこにいたか？　息子は正確には何をしたのか？

子どもに、特に異性の子どもに、自分の体を触らせることは時にタブーであり、そのような行動を起こす可能性に親は気づかないことがある。息子はどうしてその行動をとったのかを考えてみよう。夜の外出などの理由で母親の服がいつもと違う場合、息子は母親の服の生地に魅力を感じているのかもしれない。透き通った生地や、それに金や銀の糸が使われていると、自閉症の子どもは特別な関心を抱く可能性がある。息子は、母親の胸を触ったのか、それともただ母親の服の生地の上に手を滑らせていたのか、もしかするとその生地に顔をうずめてこすりつけていたのかもしれない。これらのことは、感覚上の問題として考えられる

▷ そのように考えることで、引き金となる答えが見つかる。それが特定の生地なのであれば、どの種類の生地が息子を惹きつけるのかを見極め、それと同じものを少しだけサンプルとして買ってこよう。その衝動が本質的に性的なものでなければ（その生地を手にもったりこすったりしている時に、陰部を触っていなければ）、ただその生地のサンプルをおしゃぶりのようにして、いつでも子どもにもたせておけばよい。これは、自閉症の子どもだけでなく、非自閉症スペクトラムの子どもにも比較的よく見られる現象である

▷ 子どもが寝室に駆けこむようであれば、私的な場についての概念を、家のルールとしてはっきり教え、それを強化しよう。きちんとした癖をつけるために、親の寝室などのプライベートな部屋に入る前には、「入ってもいい？」と尋ね、親が「は

い、どうぞ」と返すといった、決まった台詞を教えこむとよいだろう。このような家のルールには、家族全員が協力して取り組むことが必要である
▷ その行動が性的なものであれば、体の私的な部位を教えよう
▷ 子どもが寝室で一人になって性的な行為をする時間を与えよう

7 汚物を塗りつける行為

　汚物を塗りつける行為とは、重度自閉症の人たちが、自分のおむつや下着に手を入れて大便をつかみ、それをあらゆるところ（自分の体、家具、他の人など）に塗りつけたり、ところかまわず大便をしたりすることを指します。この行動で、親や世話をする人たちは非常に悩み、きょうだいも口には出せない心の傷を負い、その結果、友だちを家に呼べない、公共の場にその重度自閉症のきょうだいを連れて出かけられないといった事態を招き、親の怒りや苦悩によって、家中が非常に落ち込んだストレスに満ちた雰囲気となります。

　汚物の塗りつけ行為に関する説明はいくつか考えられますが、たとえ理由のようなものが見つかっても、それが何であれ、親にとっては心苦しいものです。自閉症の子どもは、大便の臭いや感触を楽しみ、感覚的な刺激を得たいという欲求を満たしているだけなのかもしれません。そして、臭いを嗅ぎたいという強烈な思いを満たすために、大便を顔にこすりつけたり、指の間で強く握ってみたりするのかもしれません。子どもが自分の陰部や肛門といったきわめて繊細に感じる部分をさわっているのなら、その行為は性的な意味をもっていることも考えられます。汚物を塗りつける行為が、重度自閉症児の多くに見られる行動とはいえ、親にとっては恥ずべきことで、人にもオープンに話せないのです。

　この塗りつけ行為と密接に関係するのが、おむつをはずして、吸水ジェルをちぎってまき散らかすという行動です。この行動で親はうんざりし、衰弱してしまいます。この問題に取り組むまず一番の方法は、状況を観察して、その引き金を突き止めることです。だいたいにおいて感覚的、または性的な理由、そうでなければ他に興味をもつものがないという理由であることが多いようです。

・汚物をつかみ、塗りつける行為の原因追及のコツ

▷ 不快感が原因であるのなら、これはおむつをもっと頻繁に替えなさいという教訓である。子どもが濡れた衣服に対して不快に感じているのならば、濡れていると認識していることは排泄における大事な前提条件であるのだから、トイレ・トレーニングを再開するよい機会である

▷ 感覚的なものが原因となっているのであれば、粘土などの大便に代わるものを与えよう。その代用物はよい匂いがして、もし家で作れるのであれば、口に入れてもよいものが好ましい。粘土を使ったいろいろな遊びについては、http://babyparenting.about.com/cs/activities/a/playdough.htm を参考にするとよい

▷ 汚物などをつかむ行動がある場合は、ストレス・ボールなどの感覚刺激を与える代用品を用いてみよう

▷ 退屈しているからその行動を示すようであれば、何も言わずに片づけて、テレビを見せるといった「ご褒美」をあげよう。それよりも、子どもがきれいな状態でいる時に、子どもが楽しんだり、完全に没頭できる活動に関わらせたりして、常に忙しくさせておくことが好ましい

▷ 性的なものが原因となっているのであれば、一日の中で、自分の寝室でおむつを外して開放的になれる時間をつくってみよう。そうすることで、子どもは自分の陰部を探求したり、マスターベーションをするなどして、自分自身を性的に満足させたりすることができる。性的な時間を定期的にもつことにより、他の時間に性的な探求を行う必要が減ってくるに違いない。子どもがマスターベーションをした後の精液や体液を片付けるのは、親にとって楽しいことではない。しかし、大便やおむつの中のものを即座に、特に公共の場で、片づけるよりはずっとましである

▷ 専門家や親によっては、子どもに上下つながったジャンパーやうしろ開きの洋服を着せたり、子どもの手が器用でない場合はベルトをつけさせたり、(ジッパーではなく) ボタンのついたズボンを履かせたりしている例もある。かつて私は、おむつの中で「拘束」された子どもの手を縛るのに、ガムテープを使うよう勧められたケースを見たことがある。しかし、問題を完全に排除することができないのであれば、そういう助言に従うことは控えたほうがよいと思う

▷ 子どもに読み聞かせるお話など、親にとって役に立つ資料を巻末に載せている

[6] 問題行動

　人の生活の質（QOL）に影響を与えたり、自分や他人の安全を損ねたりする行動を、問題行動とみなします。自閉症や感覚障害がある人、コミュニケーション能力に問題のある人に、問題行動がより見られる傾向があります。
　問題行動には次のようなものが含まれます。

▷ 頭を打ちつける、叩く、蹴る、引っかく、かみつくなどの攻撃的な行動
▷ 物を投げる、何かを破壊する、洋服を破るなどの破壊的な行為
▷ 自分の頭を叩く、皮膚やつめをはがす、自分をかむなどの自傷行為
▷ たばこの吸い殻、大便など、食べ物ではない物を口に入れる異食症的な行動
　性に関しては、問題行動が次のように起こります。
▷ 性の発達や興味を拒否された場合、自傷行為や破壊行為、攻撃的な行動として現れる
▷ 性行為に関連して、勃起を引き起こすために革のベルトで自分のペニスを叩くといったような儀式的な行動が見られる

　問題行動が最も過激になると、深刻なけがにつながり、薬物治療が必要となります。行動の引き金となるものを見定めるために日記をつけていくことで、問題行動の多くに対処できます。その場合、次のような項目について書き留めておくとよいでしょう。

▷ 健康上の理由
▷ 注目を必要としていたか
▷ 特定の物を必要としていたか
▷ 特定の状況を避けようとしていたか
▷ 感覚上の問題

1 健康上の理由

感染や炎症があることで性的に乱暴になり、自傷行為を引き起こすことがあります。てんかんや尿道炎などの一般的な感染がある場合、攻撃的な行動や自傷行為が見られます。

2 注目を必要としていたか

重度自閉症児は、よい意味でも悪い意味でも、自分の要求をかなえたり、注目を集めたりするために、問題行動を示すことがあります。

3 特定の物を必要としていたか

コミュニケーション能力に欠けているため、重度自閉症の子どもは、何か決まった行動を示すことによって、自分のほしいものを得ようとすることがあります。親が不注意にもそれに反応すると、その行動を強化してしまう結果となるでしょう。子どもが性的に自己探求できるようなプライベートの場や時間をもっていない場合は、その葛藤から暴力的な行動が出てしまうかもしれません。

その結果、親は子どもを寝室で一人にさせてしまいます。親としてみれば、子どもの不安を減らし、心を落ち着かせるために静かな場所を提供しているとしか思わないでしょう。でも子どもにとっては、邪魔をされることなくマスターベーションをする機会が与えられたと思い込むのです。その結果、子どもは自分の望みをかなえるために問題行動をさらに見せるようになるでしょう。

4 特定の状況を避けようとしていたか

異食症などの問題行動、特にこれが大便を食べるなどというケースの場合、親は子どもを孤立させるような状況に追い込んでしまいます。もう一度言わせていただきますが、子どもを孤立させることは、子どもにとって望むところで、子ど

もはその問題行動を繰り返すだけです。

5 感覚上の問題

　重度自閉症の子どもは緊張する状況に置かれると、不安を軽減するために、自己刺激を求める行動を示します。体を揺らす、頭を何かに打ちつける、股間をこする、飛び跳ねるなどの行動を繰り返すことで、感覚的に自分を満たそうとするのです。舌を鳴らす、指の関節を鳴らすなどの音を出して、似たような感覚的な満足を得る場合もあります。

6 問題行動に取り組む方法

　親が安全と判断できるのであれば、問題行動を無視するか、「ご褒美」を与えることなくきわめて静かな態度で、その行動に反応するべきでしょう。気を散らす、気をそらすなどの方法で、状況を変えてみるのもよいと思います。いずれにしても、その問題行動をしつこくやることを習慣づけないよう、迅速に対処すべきです。

　問題行動を早めに対処することで、その行動が癖になったりエスカレートしたりする（自分を傷つけたり、人に害を及ぼしたりする）状況を避けることができます。問題行動に取り組む時に大切な点を挙げてみます。

▷ どのような方法でもよいから、コミュニケーション能力を伸ばす。これは、ペクス（PECS:Picture Exchange Communication System）（ベイカー：Baker, 2000）、マカトン・サイン（ことばや精神の発達に遅れがある人のために、イギリスで考案された手話法）、ソーシャル・ストーリー、コミック会話（グレイ：Gray, 2000）、ジグ（絵カード）を含む。また、コミュニケーション能力を含む学習の基礎ともいえる、子どもの自尊心や対人能力を高めるために集中的な関わりをもつこともよい（第2章60頁を参照のこと）

コミュニケーション能力と自傷行為との間には、明らかに正比例の関係があり、自分の要求をよりうまく表現できない子どもには、自傷行為がより多く見られるという研究結果がある（ドミニク他：Dominick et al., 2007）

▷ 問題行動に対しては静かに反応し、子どもに向かって叫んだり体を張って教えたりしない
▷ 問題行動に至った動機を理解するようにし、可能な限り自分の感情を交えないように対処する。問題行動が公共の場で出たり、その行動が個人的、性的なものであったりする場合は、きわめて難しいかもしれない
▷ 問題行動が出た場合、一貫した態度で臨むために、家族全員の同意を得ておく。毎回、決まったことばや、一般的な絵カードを使おう

7 親は何をすべきか

親は次のようなことに取り組むとよいでしょう。

▷ できごとや事件に対して、感情を交えない
▷ 起きた事件や性に関連する行動について、細かく日記をつけておく
▷ 問題行動に関する引き金を特定し、正確な状況を書き留めておく。それには、場所、他にどのようなことが起きたか、起きていたか、起きた時間などを含む
▷ 性的な行動に見えても、実際はそういう意図ではない場合もあることを覚えておこう
▷ 子どもがどのような問題行動を示すのか、明確に把握しておこう。人の体のあらゆる部位を触っているのか、それとも性的に敏感な場所だけなのか？　といった感じで

　その行動の引き金や動機を親が把握したなら、それを安全でプライバシーの保てる子どもの寝室で再現してみるのです。つまり、「引き金となる」生地や質感、色のものを入れた箱を作り、子どもが決められた時間にマスターベーションを

ている間、それらの感触を楽しんでいるかどうかを確かめるのです。ピンクのマニキュアを塗った指などといった興奮をあおる特定の引き金を集めた本を子どもと一緒に作り、子どもが寝室でそれを楽しむ時間をつくり、クライマックスに達したらその本を他の場所に片づけます。

　もう一つの方法として、引き金が特定されたら、子どもが楽しむその行動を安全な方法でやらせてあげるということです。子どもが感覚的な刺激を求めて大便を口に入れる行為を示す場合、似たようなにおいと味のする同じような質感の粘土を触らせてみましょう。または、チューインガムや何か噛める物を用いて、口への刺激を促すのもよいでしょう（巻末の資料を参照のこと）。

　このような方法は、「分化強化」と呼ばれます。これは相いれない行為にも応用でき、好ましくない行動を防ぐことにつながります。つまり、子どもが公共の場で自分の股間を握り、それは健康上の理由からではないと思われる場合、両方の手にストレス・ボールを握らせてみると、その結果、股間に集中していた子どもの神経がそれるといった結果につながるのです。

　子どもと公共の場に出ていく時は、性行動を直接表す特定の絵カードを持っていくとよいでしょう。具体的には、「膣やペニスを触りたいですか？」と書かれたカード、それに対して「待ちなさい」というカード、また別のカードには「子どもが家に帰って寝室に入る」ことを示す内容が書かれているとよいでしょう。子どものマスターベーションやその他の性行為に関する定期的な予定が立てられたなら、子どもがいきなり、また公共の場で自分の性欲を満たさなければならないような行動を見せることは減るはずです。

　親は毎回、普通のことばや絵カード、そして子どもにわかりやすいコミュニケーションの手段を使わなければなりません。家族や子どもの世話をしてくれる人たちが、みんな同じ方法と反応の仕方、視覚的合図を取り入れることが大切です。

第6章
正しくないことが起きた時

本章では、重度自閉症の子どもにとって、難しく、最悪のケースにつながる恐れもある事例について考えてみましょう。まず、親がこのような事例が起きる可能性を最小限にするにはどうしたらよいか、そして万が一起きた場合にはどう対処すべきかについて理解を深めていきます。最後の項では、親が最も恐れていることの一つである性的虐待に焦点をあてます。

[1] 信頼できる大人のネットワーク

　子どもが、複雑で危険につながりそうな状況をきちんと報告できる能力を身につけるには、信頼がおけて責任感のある大人とのつながり（ネットワーク）をもっておく必要があります。そのネットワークの輪が大きければ大きいほどよいのです。そのようなネットワークがあることで、障害のある子どもに対して信頼を裏切るような、また不適切な行動をとるような人との接触を減らすことができるからです。

　重度自閉症の子どもが、信頼してよいというカテゴリーの中に誰が入っているのかを理解するには、視覚を使った方法で学ぶとよいでしょう。そして、近づいてもよい大人、信頼できる大人とは誰なのかを知っておかなければなりません。そこには、警察、学校の先生、医者など、子どもに性的虐待が疑われた場合に関わることになるであろうすべての人たちが含まれます。

　イギリスでは、子どもが自閉症の場合、これらの役職に就く人たちのために、本人の名前、緊急時の連絡先、服用している薬、障害によって、どのような傾向があるのか（感覚の過敏度、自立度など）を明確に記した「自閉症パスポート」と呼ばれるものを使うことがだんだん当たり前になってきています。

　イギリスの自閉症関連機関は、警察などの重要な分野の職員に自閉症に関する訓練を行っており、そのおかげで、第三者や自閉症者自身によって性的虐待や同様の問題が報告された際に、よりよい対応ができるようになってきました。いろいろな質疑を行う前に、自閉症の本人がソーシャルワーカーやきちんと訓練さ

た人を伴った上で警察に出向くことも支援の形として含められるべきでしょう。重度自閉症者などの「弱い立場にある」人々が性的虐待、性的暴力、強姦などに巻き込まれた場合の方針や手続きがイギリスではきちんと確立されています。

「人との関係の輪」に入っている大人に子どもが何を報告するかに関しては、誰かに対して性的な魅力を感じていること、そういった気持ちをどのように持ち続け、対処すべきかを尋ねるといったレベルから、誰かが性行為を求めてきたことを打ち明けるレベルまで、いろいろと考えられます。

信頼されている大人は、そのような可能性に気づき、そのような事態にどう対処すべきかを知っておく必要があります。親にとって信頼できる第三者の大人とは、子どものことを真剣に考えてくれ、小さな心配事でもきちんと聞いてくれる人だといえるでしょう。

親が信頼できる大人の基準をいったんつくったら、子どもが大人になるにつれて、その人たちを「人との関係の輪」の中に加えておくとよいでしょう。そういう大人の中には、病気になったり亡くなったりする場合もあるので、子どもがこの先もそういう存在を一定の人数もっていられるよう、親は確かめておく必要があります。したがって、親は常に将来のことを考えておかなければならないのです。

［2］ 拒絶への対処の仕方

重度自閉症の子どもは、非自閉症スペクトラムの子どもたちとは違うという理由で、友だちがいなくて孤独だと感じることがあるでしょう。親は、子どもが同年代の子どもたちと関わる機会を増やす努力をし、たとえ精神的につらいことがあったとしても、子どもが友情について学ぶ機会を提供する義務があります

自閉症の子どもが孤独を感じている時、いとも簡単に巧みに操られて、それによって性的、感情的、そして経済的な虐待の危険にさらされることがあります。孤独感によって、実際に知りもしない人との感情的な結びつきを強く求めることも考えられます。友だちになりたいという気持ちが相手になかった場合、自閉症

の子どもは強く拒絶されたように感じ、それが暴力や自傷行為につながることもあります。

　自分の気持ちを把握、理解することは、親が早い時期に子どもに教えてやるべきことの一つです（第2章56頁を参照）。もう一つ親が子どものためにできる大切なことは、子どもがほかの人たちとどう違うかを説明することです。多くの親は、その違いを認めることができないために、説明することをためらってしまいます。そうかと思えば、この問題を理性のみで処理し、社会がこの違いに適応すべきだと主張し、自分の子どもが一般の人たちのように行動できない、コミュニケーションを図ることができない事実を今さら言葉に出して強調する必要はないと考えている親もいます。

　子どもは、自分たちが人と違っていること、そしてその理由を知れば、いろいろな状況でもっと上手に対処できるということを私はお伝えしたいのです。高機能自閉症やアスペルガー症候群の人たちによって書かれた文章を読めば、その人たちがどのように生き、非自閉症スペクトラムの人たちはどうやっているかを理解することがどれだけ大切かが示されているはずです。

　そうしておけば、非自閉症スペクトラムの人の行動を間違って解釈する可能性が少なくなり、よりよい対応ができるようになります。重度自閉症の子どもたちは、そのレベルで人との関係を築くことはできないかもしれませんが、自分が人に対して興味をもっていないという初期の兆候に気づくことはできるはずです。そうであれば、相手側からの一方的な関係に巻き込まれるという可能性は減ります。

　非自閉症スペクトラムの世界では、誰かから拒絶をされた場合、他の選択肢があります。または、ほかの人ともっと建設的な関係を築けばよいと思い直して、その状況に対処することもできます。もし親が、子どもを孤立させてしまったら、子どもは他の友好関係に移る機会が減り、孤立していることに気づき、心が傷つくような友だちとの関係にしがみつき、そこで拒絶をされるような事態が起きても、上手に対処することはできません。

　他の人たちと同じように、重度自閉症の子どもも自分が拒絶をされた時、それを表現する場が必要です。それは親が思う方法とは違って、最初は破壊的、暴

力的で、自傷行為が見られることもあるかもしれません。どのような時でも拒絶に対処することは容易ではなく、衝動的になりがちですから、何が起きたかを冷静に伝えるレベルは望めないかもしれません。

1 「いやだ」と伝え、人から利用されていることを拒否し、関係を終わらせる方法

　人を拒絶する能力、これは自分が望むことかどうかを判断する能力、または人との関係を終わらせる能力は、子ども自身、何が「正しい」行動なのかを理解する能力と自尊心に大きく関わってきます。「いやだ」と言ったり、人に話を聞いてもらった上で行動を起こしたりすることは、子どもが小さいうちに、小さな事がらを通して親が教えることのできるものです。それが、より大きな重要な問題を対処することにつながります。

　自閉症児は、適切な行動とは何かをきちんと知っておかなければなりません。

- 接触－体のどの部分が私的なのか。本人が同意をした時に限り、それらの部位に触れてもよい人というのは「人との関係の輪」の中の誰にあたるのか
- 身体的距離－「人との関係の輪」に入っている人と、どのくらい身体的な距離をおけばよいのか（腕の長さ、抱擁など）
- 秘密－秘密とは何か。秘密をもってはいけないのはどういう時か
- 人間関係、友好関係における力関係

2 妊娠

　男女に関わらず、重度自閉症の子どもとその親は、妊娠の兆候について理解しておく必要があります。

- 生理の遅れやごく軽い出血
- 胸が痛い、乳房や胸が大きくなる（これは女性が大人になる過程でも起こる）

▷ 吐き気や嘔吐
▷ 疲労感

　重度自閉症者は、どのようなサービスが、どのような場合に利用できるのかについて、知っておくべきでしょう。かかりつけ医や産婦人科医から妊娠していることを告げられたら、この先どうすればよいのかよく相談をしてください。しかし、その前に親は、初期の妊娠検査の受け方を子どもにきちんと教えておきましょう。

　認知レベルにきわめて限りのある子どもの親は、もし、子どもに何らかの妊娠の兆候が見られた場合、まず性的虐待の可能性を疑ってよいでしょう。しかし、症状の多くは婦人科系の疾患でも見られることがあるので、まずは医者にかかりましょう。

3 性感染症

　重度自閉症の子どもは、自分が性感染症にかかっていると思った場合には、かかりつけ医や泌尿器科医など、どこに助けを求めたらよいのかを知っておく必要があります。親はその症状を把握し（第2章94頁を参照）、子どもの認知レベルから見て、自分で医者にかかれない場合は、親が子どもを連れて医師の診断を仰ぎに行かなければなりません。

4 強姦

　自閉症の子どもが大人になるにつれ、強姦とは何なのか、万が一それが起きた場合、どうすればよいのか、子どもが理解しているかどうかを、親は確かめておく必要があります。

　強姦は、男性から女性に対して、また男性から男性に、さらに稀な例として女性が男性に対して行われる可能性があることを、親は知っておきましょう。多くの自閉症児は体験を通して学びますから、起こりうる危険な状況を示すために、ロールプレイや実物に近い人形を使って説明するのが一番でしょう。

ことば以外の方法でコミュニケーションを図る子どもであれば、強姦しようとしている者に対して、それを止めさせるためのはっきりした合図を親がしっかり教えてやるとよいでしょう。

人はそれぞれ違う考えや感情をもっていることを理解できない自閉症者が多いのが事実です。みんな同じように考え、自分がやっていることに対して同じような感情をもっていると信じ込んでいます。そのため多くの自閉症者は、世の中の「悪い」人たちが、性的な状況をつくり上げて相手を利用する事実を知って、非常に衝撃を受けるのです。

親は自閉症の子どもに対して、公共の場ではどのような服装をし、どのような行動をとるのがふさわしいのかを説明しておく必要があります。そうすれば、子どもが無意識に性的な注目を惹きつけるような状況をつくらずにすみます。

万が一、強姦が起きてしまったり、親がその疑いをもったりした場合、被害者である子どもは体を洗わずに、かかりつけ医や救急病院、産婦人科クリニック、全国被害者支援ネットワーク（https://www.nnvs.org/shien/list/）、警察、警視庁の被害者相談電話（♯9110）、性犯罪被害相談電話（#8103）などに必ず相談してください。このような犯罪では、体液や身体の検査が非常に重要となります。性感染症や妊娠の可能性がないかどうかを検査してもらうために、引き続き医師の診察を受けましょう。

5 世話をしてもらっている人からの虐待

2010年、イギリスのウィンターボーン・ヴューという障害者施設で、数人の職員がそこに住む障害者に対し、日常的に身体的虐待を行っていたことを、テレビのドキュメンタリー番組がレポーターを密かに送り、その瞬間の映像をこっそり録ったというできごとがありました。この事件はかなりの関心を集め、障害者施設に対する親からの信頼は間違いなく失われました。ヴィクトリア朝のころに起きた事例に比べれば小さいものの、今もなお虐待が蔓延する土壌があったのです。

親は、重度の自閉症の子どもが自宅から離れた施設で、施設の職員からしっか

り世話をしてもらいながら落ちついた生活をしてほしいと願っていたことでしょう。このウィンターボーン・ヴューの事例は、虐待の恐ろしさを確実に伝え、その結果、障害のある子どもや青年が親により依存するようになりました。

　ごく身近な場所で支援をする人や家族が、重度自閉症の子どもを虐待する場合すらあります。性的虐待は、子どものことをよく知っている人によって犯されることが多いのですが、恐怖感をあおって巧みに操られる感情的虐待や殴るなどの身体的虐待というパターンもあります。

　ここで最も大切なのは、重度自閉症児が生活していく中で、常にいろいろな人が彼らのもとを訪ねて一緒に時間を過ごすことです。特に突然、訪問をすることによって、なるべく早い時期に虐待を見抜けるのです。また、子どもも自分の生活に何が起きているか、報告したり話したりする機会が増えます。

　身内が、部屋や子ども自身に据え付けたビデオカメラによって完全な証拠をつかみ、虐待が摘発できたという事例もあります。重度自閉症の子どもや大人は、何が起きているかを明瞭に表現することができないことが多いため、親が子どもの目となり声となる必要があるのです。

　これまで私が施設や病院を見てきた経験から言うと、本人がよりはっきり表現したり声に出したりすることで、また、身内がより用心深く見ていることで、より多く気にかけてもらえ、本人のことをより尊重してもらえる傾向があるようです。

6 性的虐待

　18歳以下の子どものうち、3人に1人の女子、10人に1人の男子が性的虐待を受けると見込まれています。(タング、フレイド、ワング：Tang, Freyd and Wang, 2007)。このうち、発達障害のある人（自閉症に限らない）の割合はそうでない人の2倍で、社会からの孤立や疎外が、その増加の原因だと言われています（マンセル、ソブシー、モスカル：Mansell, Sobsey and Moskal, 1998）。

　イギリスのテレビ番組の司会者で、今は亡きジミー・サヴァイルは、非自閉症スペクトラムの子どもでさえ、大人になってからも含めて、自分が性的暴力、虐待に遭ったことを報告しようとしても、なかなか周囲に信じてもらえないことを

主張しました。これは性行為に対する考え方が今とは違う1950年〜1990年代のことですが、子どもの安全のために、サヴァイルの言動はしっかり胸に刻んでおきたいものです。親は、性的虐待に対して注意を怠らず、敏感であるべきです。

①性的虐待の兆候

　重度自閉症の子どもが一人でいる時に、性的虐待の被害に遭ったかどうかを見極めるのは難しいことです。彼らの行動は、非自閉症スペクトラムの子どものそれとは違って、典型的ではなく奇異に見える場合があります。ことばを話し、コミュニケーションがよりうまく図れる自閉症者は、心の内を表現することができます。虐待を受けても、悩みを打ち明けない自閉症の子どももいるという研究結果があります（ケンドール・タケット、ウィリアムス、フィンカーホル：Kendall Tackett, Williams and Finkelhor, 1993）。

　子どもが性的に映る行動を示すことで、性的虐待があったことをにおわす場合があります。しかし、それは非自閉症スペクトラムの子どもに比べて、遅れている性発達の現れとして解釈されることもあります。子どもが性的虐待を理解したり、それに対処したりしようとする場合、大げさでかなり激しい行動として現れることがあります。それには、自己刺激行動（自分の頭をぶつける、体を揺らす、飛ぶなど）、自傷行為（噛む、指先の皮や皮膚を剥くなど）、反復行動などが含まれますが、どれも自分を癒そうとする行動なのです。

　これまでにない行動を示す子どももいます。ことばを話さない自閉症児は、より難しい行動を現す可能性があり、それは虐待の事実を伝え、表明しようとする中で出てくる葛藤と見てよいかもしれません。性的な行動もまた、身体的に虐待を受けた兆候であることもあります（メリック他：Merrick et al., 2008）。

　アメリカ心理学会は、非自閉症スペクトラムの子どもが性的虐待の被害を受けた後によく見せる行動を次のように説明しています（2013）。

▷睡眠障害、悪夢
▷不安、うつ状態、引きこもり
▷性感染症（特に14歳以下の子どもに多い）

第6章　正しくないことが起きた時　179

▷ 歩行や着座における困難
▷ 怒りが爆発する、どこかに逃げ出そうとする、体育の授業の時に着替えたがらない、運動に参加したがらない、異常、または年齢不相応な性行動、行動の後退、特定の人（たち）と一緒にいることをいやがる

性的虐待と関係なく、これらはすべて自閉症の特徴と重なっていることにお気づきでしょう。

②誤解されている可能性を示す兆候
　もし、親が自分の子どもは、性とは無関係だと信じている場合、性的な行動を性的虐待の兆候と誤解してしまうことがあります。知的障害の人たちは社会で片っ端から除外されていて、性とは無縁であると思われており、性教育を受けたり性を表現したりする機会を与えられていないため、性的なふるまいが性的虐待だと思い込まれてしまうと主張する研究があるのです（ナリオ・レッドモンド：Nario Redmond, 2010）。
　さらに、性的な行為が連続的に現れ、虐待などという類のものでないにしても、一般的に衝撃的なできごとや過度な刺激を感じる環境からくることがあります（キャヴァナー・ジョンソン：Cavanagh Johnson, 2002）。

③性的虐待かどうかを判断する
　非自閉症スペクトラムの子どもが性的虐待に遭った疑いのある場合、医学的な検査や警察、被害者支援ネットワークによる面談などによって判断が行われます。性的虐待では医学的な証拠をつかむのは難しいのが現状です。それは、虐待が慢性的に（繰り返し）行われていることが多く、強姦や身体的暴力が認められた、または、その行為が目撃されたということでもない限り、虐待を受けた直後に報告されることがほとんどないからです。
　面談では、起きた事がらの経緯を子どもや家族に尋ねます。子どもから情報を得るにあたっては、子どもが面接官の質問を理解し、状況を正確に表現しながら、ことばのやりとりによる面接が行われます。面接にどのくらいきちんと参加でき

ているかにもよりますが、面接自体はかなり長い一度限りのものとなります（クロンチ、ヴィルジェン、ハンセン：Cronch, Viljoen and Hansen, 2006）。

報告の過程においては「対象指示コミュニケーション」を必須とします（ダルグレン、ダルグレン・サンドバーグ：Dahlgren and Dahlgren Sandberg, 2008）。これは、子どもの言っていることを聞き手が理解できるよう、ジェスチャーや視線合わせなどの方法を用いて十分な情報を伝えることを意味します。一般的に自閉症児は、この対象指示コミュニケーションを効果的に行うことができないため、事実を人が理解できる方法で伝えることが非常に難しいのです（ダルグレン、ダルグレン・サンドバーグ：Dahlgren and Dahlgren Sandberg, 2008）。

ある研究では、自閉症児は実践的なことばを使うのが苦手で、会話を維持することが不得手であることを強調しています（ヘール、テイガー・フラスバーグ：Hale and Tager Flusberg, 2005）。親が可能な限り、性に関する情報を子どもに提供しておけば、たとえ性的虐待が起きても、コミュニケーションの専門家が、子どものもつ知識に沿ってやり取りをすることができます。

性的虐待が行われたかどうかを判断するための、自閉症児用の新しい手法が必要となります（巻末220頁、付録4を参照）。

④治療方法

非自閉症スペクトラムの性的虐待被害者に用いられる会話療法は、重度自閉症児には何の役にも立たないとこれまで思われていました。確かに、カウンセラー（相談員）やセラピスト（療法士）は、経験豊かで、自閉症リサーチ・センターの言う（2013年のAutism Speaksより引用）「セラピーの内容を頭で理解する必要のない、言葉以外の方法によって心と体を癒す治療法」をきちんとわかっている必要があります。つまり、絵や写真、ソーシャルストーリー、コミック会話（グレイ：Gray, 2000）といった視覚的補助や、人形などの模型を使ってコミュニケーションを図ることで、何が起きたかを伝えるという方法です。自閉症者にとって感情表現は難しい分野ですから、セラピストは怒り、嫌悪、恐怖、喜び、悲しみ、驚きといった6つの基礎的な感情を観察するというレベルから始めるとよいでしょう。

カウンセリングは、完全に個人を主体とし、子どもを中心に据え、心的外傷に焦点を当てるべきです。自閉症と性的虐待の分野において、認知行動療法は効果的な手法の一つです。カウンセリングの長さはさまざまですが、適切な心の支援を得ることによって、多くの子どもが回復しています。

⑤虐待を防ぐ方法

　予防に関して言うならば、親は子どもに長い間、心の中にしまっておかなくてもよい「よい」秘密と、誰にも絶対に表明しなくてよい「悪い」秘密との違いを教えておく必要があります。前者は誕生日のサプライズ・パーティーなどを意味し、後者は子どもを傷つける脅しなどがその例です。「OK」の秘密と「OKではない」秘密といった呼び方で教えるとよいでしょう。

　さらに、子どもには異性の体の部位の名前を教えておく必要があります。知的障害の人たちの多くは、たとえ自分自身の体の部位は知っていても、異性の体に関する知識が不足していると指摘する研究があります（ホロモッツ：Hollomotz, 2011）。もう一つ、重度自閉症の子どもが、性行為の範囲についても理解しておくことは大切です。万が一、性的虐待が起きた場合に、何が起きたのかを正確に自分で言い表わせることが重要だからです。

　性的虐待の可能性を減らすまず一番の方法は、自閉症の子どもを孤立させないようにすることです。社会とのつながりが少なければ少ないほど、性的虐待の危険が大きくなります。虐待者は、被害者がこのことを報告する可能性が低い（これが虐待する相手を選ぶ理由の一つとなります）、「報告者」となりうる人は少ないと判断するためです。ホロモッツ（Hollomotz, 2011）は、性的な傷つきやすさと知的障害に関する説明の中で「いつでもいたわってくれる体制が整っていて、ごく身近なところに友人や家族、支援者が多ければ多いほど、虐待を発見したり予防したりする可能性が高まる」と述べています。（ホロモッツ：Hollomotz, 2011, p.46）。

第7章
ずっと続く将来のために

最後の章では、子どもの将来のことについて考えてみましょう。子どもは発達しながら性について学んでいきますが、どのような教育や社会的なケアが、子どもの役に立つかを見ていきましょう。重度自閉症の子どもが受けるサービスは、社会の根底にある考え方や限りのある財政状況に強く影響を受けることがあります。

　親はこのような条件の下で情報のやり取りをするわけですから、子どもの発達を支えていくのは実に大変です。ましてや一貫した支援窓口はないのですから。子どもが、自分にとって必要なことや気になることを声に出すことはできても、声を聴く側に障壁がある場合が多く、それはコミュニケーションの問題というよりも、聴く側の態度にあることが多いようです。

　性とは、知的能力にかかわらず、すべての人間がもっている基本的権利です。わが子の性の課題に向き合わなかったら、子どもが生活をしていく地域社会だけでなく、社会的ケアを受ける場においても、長きにわたり、子ども自身を不利に追い込むような扱いにくい問題を抱えてしまうことになります。親が子どもの性を前向きに受け止めることによって、子どもの生活の質を高め、可能性を最大限に伸ばすことができるでしょう。

［1］ 学校で性教育を行うことの難しさ

1 態度や考え方

　親、教師、支援者といった子どもの最も身近にいる人たちの考え方が、充実した性教育が行われるかどうかに直接影響を及ぼします。その考え方というのは、キリスト教会の附属学校などで、子どもたちが習うような宗教の教えを前面に出した道徳的価値観も含みます。子どもを指導する立場の人たちが、知的障害者同様、重度自閉症児者たちには性欲がない、いつまでも小さな子どものようなもの

だ、危険や性的虐待に対する弱さは、障害のない人たちと同じようなものだと思い込んでいるとしたら、大きな間違いです。性教育の中で、同性愛、性関係、妊娠といった問題を取り扱うこともまずないでしょう。

2 性教育の本質

　障害のない定型発達の子どもに対しては、標準化された共通の性教育が行われています。人格形成、社会や健康に関する教育をカリキュラムに沿って、万遍なく行うには、そうするしかありません。また、定型発達の子どもが仲間や周りにある情報源を通して多くの性の知識を得ることから考えると、それもありでしょう。
　しかし、研究者たちは共通して、どのような知的障害者に対しても、個人別の教育プログラムが絶対に必要であると考えています。（カイザー：Kaeser, 1996）。

　重度自閉症の子どもは、同じくらいの障害がある仲間から性について学び、吸収するような対人関係を築く能力や認識に生まれつき欠けています。だからこそ、このような子どもには、それぞれのコミュニケーション能力、認知能力、発達段階、そして、個人のニーズに合ったわかりやすい教育が必要なのです。
　性とは内密なものであるべきだという風潮や法的な縛りなどにより、性教育の効果を評価することは難しく、また教える内容にも限りがあります。つまり、ある子どもに、必要と判断してマスターベーションについて教えたとしても、その効果を評価するのは不可能だということです。どのようにマスターベーションを行い、射精をした時には何が起こり、その後、どのように片づけるかを教師が筋書きにしたものを教材にして教えることは可能です。しかし、教師はそれを手取り足取り教えることはできませんし、子どもが絶頂に達したかどうかを確かめるために観察するわけにもいきません。そのような状況は、他の実践的な指導を行う際にも起こる可能性があります。
　生徒が性的な行動を示した時にだけ、個人指導を付け足して行うことが多いのが現状です。性教育を受けることによって、性的に目覚めるのではないかと心配

し、子どもに性教育を受けさせないようにするような親にとっては、このほうが安心なのです。しかし、性教育のスタートが明らかに遅れてしまうと、子どもは体の変化に対して準備ができていなかったり、感情や性の目覚めについて基本的にわかっていなかったりしてしまうため、子どもをとりまく状況は、より難しくなってしまいます。そしてその結果、子どもは周りで何が起きているのかを把握できず、極度に不安にさらされることになります。

3 現在の状況

適切に性教育を行うための教材は明らかに不足しています（ハワード・バー他：Howard Barr et al., 2005）。イギリスの教育雇用省(2000)や教育水準局(OFSTED, 2006)が取り組んでいるような、視覚的にわかりやすい、現在の基準に沿った情報源や教材が必要です。そのような教材を利用する場合でも、各個人に合わせて内容を調整する必要があるでしょう。

チソット（Tissot, 2009）の研究で、ウィジット・リーバスのシンボルに、指を立てることを表現する絵はあるものの、性器の勃起を表す絵は存在しないという調査結果が明らかになりました。したがって、マスターベーションをして絶頂に達するまでの段階を、教師はコミック会話を使って教えようとしたものの、ふさわしい絵を自分たちで作らなければなりませんでした（グレイ：Gray, 2000）。この調査研究で、最近の情報源はあまりに色を使いすぎていて気が散りやすい、そして文章が多すぎると指摘しています（チソット：Tissot, 2009）。

自閉症児向けの性教育は、高機能の生徒を対象にしたものが多いのも事実です（ターネイ、ウォルフ：Tarnai and Wolfe, 2008）。そのような文献や研究を通して、何か役立つ考えを学ぶことはできます。しかし、重度自閉症の生徒は、高機能の生徒とは違う性的、社会的学習のニーズをたくさん抱えていて、それが実際の生活に影響が出ているのです。マスターベーションをしても絶頂に達することのできない重度自閉症の生徒は葛藤を感じ、それが問題行動として現れる可能性もあります。この部分こそ、指導が必要なのです（ケンブリッジ、カーナビー、マッカシー：Cambridge, Carnaby and McCarthy, 2003）。

［2］ 学校での事前対策となる性教育

どのような形であれ、次に挙げる事がらを指導に取り入れるとよいでしょう。

1 性教育のニーズに関する基礎データを集める

オーストラリアでのある研究では、性教育を始める前に、重度自閉症者の実際の行動を査定するとよいと提案しています。親を含むチームが一体となって、子どもの現在のコミュニケーション能力、長所、問題となっている行動などを検討しましょう（スターリング・ターナー、ジョーダン：Sterling Turner and Jordan, 2007）。

子どもの状況をきちんと把握するために、親は子どもの問題行動を記録するための日記をつける必要が出てくるかもしれません。その日記には、どのような行動を示したかを記し、その頻度や正確な詳細を書き添えます。自宅と学校で同じ要領で記録を取りながら、問題行動を防いだり減らしたりすることが目的です。日記をつけ始める前に両者が一緒に計画を立て、子どもの問題行動を防ぐための日々の目標を設定しましょう。事前の査定を元に計画を立て、その計画を一貫して取り入れるようにしましょう。

2 チームが一体となった取り組み

性教育を行うには、子どもの教育を支える教師、親、支援サービス（言語療法士など）が一体となって取り組みましょう。全員が同じ方法を用いて指導を行うにあたっては、各自の役目や責任、取り組む時間を明らかにする必要があります。その内容は、個人別教育プログラム（IEP: Individualized Education Program）の中に記し、定期的に見直しましょう。IEPにはその子どものニーズを明確に記述しておきましょう。

これはあくまでも私が思っていることなのですが、親の意見を取り入れること

なくIEPが作られ、でき上ったIEPの内容を読んで同意の署名だけを求められることも実際にあります。これはおそらく、親の考えを除外しようという意思の表れというよりも、学校側の時間的制限や仕事量の多さによるものだと思います。さらに言うと、IEPには一般学習や日常生活技能に関する内容が中心に書かれ、性教育については触れられていないのが事実です。

性教育に関しては、保健室の先生や保健体育などの授業に携わる教師や専門家に責任があると思っている親が多いという研究結果もあります。親は、こんなことは起こらないだろう、情報を伝えてくれる専門家の人たちが間に入っていてさえくれれば、私一人で責任を負うことはないだろうと考えがちですが、結局は親に責任が降りかかってくるものなのです。

チームが一体となって取り組んでいれば、子どもが特定の人や状況、教室と性教育を結びつけて考える可能性が低くなるという利点があります。つまり、生徒が特定の教職員たちとだけ関わり過ぎたがために、指導という名の下に、度の過ぎた不適切な行いがなされてしまったら大変だということです。

3 個人からの情報

生徒の性教育プログラムを作るにあたっては、生徒本人もその作成に関わるとよいでしょう。そうすることで、生徒に主体性を与え、ニーズや目標を正確に取り込んだ内容にすることができます。さらに、生徒がその過程に関わることで、生徒はこれは自分に関することなのだという意識をもち、そのプログラムに気持ちを向けるようになり、その結果、学ぶ意欲が高まります。

重度自閉症の子どもは性に無関心であるとか、子どもっぽいなどと勝手に見なされてしまったら、最も大切な生活能力の一つであるこの領域で意見を言う機会すら与えられず、本人の考えは無視されたままとなります（レッスライヤー、ヴァン・ホーヴ：Lesseliers & Van Hove, 2002）。

実際問題として、重度自閉症児の多くは性教育に対して同意を示したり、自分への教育プログラムに関して意見を述べたりすることはできないかもしれません。子どもが性教育に対するニーズを表現できるかどうかに関しては、専門家が

評価をすべきだと提案する研究もあります（パティ：Patti, 1995）。子どものことを本当に考えるのなら、子どもが性的な行動をあからさまに示すまで待つのは遅すぎると思います。その段階に達するまでに、すでに性に関する問題行動の芽が出ているからです。子どもが性教育に関して何の基礎的知識もなかったら、その問題解決はより難しくなるでしょう。

4 教師と支援者に対する研修

網羅していただきたい事がらを挙げてみます。

- 性の意味。性は年齢を重ねるとともに変化し、その人が生きている環境や、社会での生き方、性別によって影響を受ける複雑なものである。性は、広い概念によって定義され、一生涯付き合っていくものである
- 重度自閉症の人に対する一般的によく聞く神話
- 重度自閉症者によくある性に関する問題。たとえば、薬の服用が性機能に影響を及ぼすなど
- インフォームド・コンセント（説明を受けた上での承諾）などの、法的、倫理的な問題
- 個人に合ったサービスや情報の提供
- 子どもの繰り返し起こる問題行動、そして、そのような行動が広く社会に受け入れられるようになるためには、学校や地域で、どのように取り組めばよいのかに関して、教師や介助者が支援や研修を必要としていること

5 親との連携

親は、他人の協力を得ながら子どもの性について考えていく場合、家庭の宗教や文化、その他の信条が、どう影響しているかを明確に伝える役目をもっています。学校は子どもが学校や地域で生活していく上で必要な社会性を伸ばすための指導を行う責任があります（トラヴァース、ティンカニ：Travers & Tincani,

2010)。しかし多くの親は、自分たちが性に関するすべてを子どもに教える責任を負っていると考えがちです（ガーバット：Garbutt, 2008）。

　本来、性教育は繊細な課題なので、どのような度合いであれ、性教育を具体化することや、この手の話題を口にすることに対して抵抗を示す親御さんもいます。そのような場合、家族の信条をIEPに明記しておくことが望ましいでしょう（ヴォーン他：Vaughn et al., 2005）。

　親御さんに一般的な情報をわかりやすく提供すれば不安が和らぎ、年齢のいかない子どもに行う「性教育」は基礎的なブロックを積み上げるようなもので、将来、生活のさまざまな場面で必要となるコミュニケーション能力や順番を待つといった能力を伸ばすことにつながるのだと理解できるでしょう。しかし、多くの親御さんは子どもの理解力や認知能力に見合った時期ではなく、子どもの年齢が9～10歳といった早い時期に情報を欲しがるという研究結果もあります（チソット：Tissot, 2009）。

　親、支援者、その他の家族が定期的に集まり、子どもの性教育について話し合うのもよいでしょう。そうすることで、家族全員が重度自閉症児の性に対して、一貫した支援を行うことができます。さらには、このような相談体制を確立することで、支援を行う上で妨げとなるもの、心配なこと、この先に考えられる障壁などを考慮することができます。

　どのような形であれ、性に関して話題にすることは不適切で、子どもの性行為への関心を促進してしまうのではないかと考える親御さんがいます。学校側は、きめ細かい指導の下で、子どもには最もよい結果が出ることを伝えながら、注意深く保護者を教育していくことが必要です。

　学校での指導を支援する親の立場としては、学校からもらった書面に紹介されている情報が、どこで手に入るのかを理解しておくことが大切です。学校側は、重度自閉症児に性教育を行うために、視覚的補助を取り入れましょう。そのためには、子どもが学んでいることを知る権利のある、また知りたいと思うであろう保護者との協力体制は必須です。学校で教えることのできる性に関する情報をまとめ、自宅でもそれを利用するというのが、最も効果的な方法でしょう。親御さんは、はっきりとわかりやすい絵や図の入った、それでいてちょっとしたユーモア

の混じった、簡単な言葉で書かれた情報を望むものです（ガーバット：Garbutt, 2008）。

　性について子どもに十分に教えなかった場合、どのようなことが起こり得るかを親が認識しておくことも必要です。つまり将来、法的なことに巻き込まれたり、性的虐待の被害に遭う可能性を高めたりすることを意味します。

　初等教育と中等教育の間、またより長期にわたって過ごすデイケアセンターなどに移る期間のことを「移行期」と呼びますが、親にとってはその時期が悩みの種となることが多いようです。それは、子どもが成長するにつれてサービスが減り、情報やその他の支援が十分でなくなるからです。保護者との協力体制をきちんと確立していれば、親側と学校側との溝や対立の可能性を減らすことができます。そして将来、その家族の生活に直接影響するかもしれない大切な事がらを子どもに指導する過程で、親御さんの協力を得ることもできるでしょう。

6 よい実践例

　イギリスのランカスター市にあるロイン特別支援学校は、重度知的障害の生徒のためのプログラムを作成しています。チーム体制を取り入れ、親も一体となり、職員が気づいたことを保護者への支援にどう取り込むべきかを研究しています。特にすばらしいのは、職員はいつも生徒と近い距離で指導することを心がけている点です。その理由の一つは、生徒の問題行動を減らし、不安を軽減することにあります。このプログラムでは、次のようなことを取り入れています。

▷ 自分の体に対する意識や自己受容感覚（空間における身体のバランス、位置、動きを感知する感覚）を高めるために、小さなボールを用いる。このボールは、強い圧力をかけることにより、ストレスの度合いを減らすようにつくられている。自己受容感覚とは具体的に、腱の接合部分、靭帯、筋肉、体の流動的な動きを可能にする接合部分のことを指し、たとえば、まっすぐ座った時に自分の体が、どういう位置にあるのかといったことを感知する能力を意味する
▷ 生徒が体をどんどん後ろに揺り動かす遊びを取り入れる。それによって信頼が深

まったり、よい関係を築くことができたりする。また、空間における自分の体の動きを認識することもできる
▷ 集中的に音楽に触れることで、生徒は体を動かす速さやその形を自分でコントロールする

　このプログラムは、生徒のどんなに小さな反応でも職員が確実に察知できるよう、慎重にゆったりしたペースで進められています。その反応とは、視線を合わせているか、強い圧力を受ける時の体の位置はどうなっているかなどのことを意味します。
　各授業では、本格的な内容に入る前に、最高20分間、弾むボールを使います。また、コミュニケーション能力を伸ばすために、簡単な詩を反復する方法も用いています。各授業の終わりには、生徒と教師が隣り合わせに寝転がり、心身をリラックスさせる時間もつくっています。
　このプログラムは週4回行われ、約11名の生徒が職員とともに集団で学んでいます。親や家族への初回調査では、肯定的な意見が寄せられました。
　各授業の終了後には、子どもが学校や自宅でよい行動を示したかどうかを入念に検討します。非常に問題行動のある生徒でも、授業中、そして授業後も落ち着きが見られ、集中力に著しい変化のあることがわかりました（ブラッドバリー：Bradbury, 2012）。このような取り組みは、自尊心や人間関係を築くのに役立ち、これから性教育を行う上での基礎となることでしょう。

7 情報の伝達

　重度自閉症児の多くが、TEACCH2（Treatment and Education of Autistic and related Communication Handicapped Children: 自閉症および関連のコミュニケーション障害をもつ子どものための治療と教育で使われるコミュニケーション・システム）やPECS（Picture Exchange Communication System: 絵カード交換式コミュニケーション・システム）の視覚的な教材を使うことで効果的に学べると言われています（ベーカー：Baker, 2000）。

ソーシャル・ストーリーは、言われたことやその時に思ったことを描写するのに最も効果のある方法で、子どもは次に何をするのかという見通しを得ることができます（ターネイ、ウォルフ：Tarnai & Wolfe, 2008）。視覚的な教材を用いる場合、その内容が文脈から外れていたら、教える内容が間違って伝わったり理解されたりするので、十分に気をつけなければなりません（チソット：Tissot, 2009）。

　性行動に関しては、特にこれがあてはまります。つまり、親の協力を得て、子どもの寝室に写真を貼り、そこがマスターベーションをしてよい場所だということを子どもに示す場合などです。視覚的なものを通して学ぶ場合、正確な情報が必要です。

　学校教育の最もすばらしい点は、人生ではどのようなことが起きるのか、そして、具体的に何かが起きた時、何を言って、どうふるまえばよいのかを実際に示しながら集団で指導できることです（アトウッド：Attwood, 2000, 2006）。ロール・プレイも性教育の内容を充実させるのに役立ちますが、集団教育は、順番を待つことや他人と一緒にいることを学ぶという意味で重度自閉症の子どもにも効果的です。一般的に学校は、子どものコミュニケーション能力や情報の伝え方、受け止め方、友情の育て方や維持の仕方を学ぶ重要な場となります。これらは、性を学ぶ上で重要な要素です。

8 指導内容

　指導プログラムは早めに取り入れ、子どもの性的な行動が現れるまで開始を待つべきではありません。授業は「ブロックを積み立てる」という考え方に基づき、育てておきたい友情や人との関係などの項目を徐々に足していくという方法で進めるとよいでしょう。自閉症の子どもは、性教育を行う上で基礎中の基礎となる自分の身の回りのことや安全に関する事がらを早いうちに学校で習っておくとよいでしょう。コミュニケーション能力や、順番を守る、適切なあいさつをするといった対人スキル、遊びのスキルを向上させるために、繰り返し学ぶことは、子どもが性について効果的に学ぶ際に大切な基礎となります。

　発達年齢やレベルに関係なく、子どもは対人スキルを磨くための訓練が必要

です（コラー：Koller, 2000）。ハットンとテクター（Hatton and Tector, 2010, p. 72）は、「コツコツとブロックを積み上げる『基礎を築く』ことは、対人能力の発達に必須であり、性や人間関係の理解もそこから生まれる」と述べています。

子どもの社会性が発達していくにつれ、どのようにして人間関係を築くか、その関係は友情なのか、より親密なものなのかに焦点を当てた授業が必要となるでしょう。共通の興味を見つけたり、共有したりする方法として、授業でペアを組んだ友だちと一台のコンピューターを順番に操作し、相手がやっていることに興味をもつといったことから始めるとよいかもしれません。指差しやごく簡単なことばのやり取り、飛び跳ねるなどのレベルにとどまるかもしれませんが、それでもよいのです。洗練されたコミュニケーションのやり取りは見られないかもしれませんが、教師が注意深く観察しながら応援することで、生徒たちはお互いの興味を共有し、前よりも上手に言葉や気持ちのやりとりをするようになるでしょう。

性教育では、子ども自身の感情と他人の感情、怒りや悲しみなどの感情の表し方についても教えましょう。拒否への対処方法、愛や愛情の示し方は、ぜひ、学んでほしい大切な事がらです。学校でのこのような集団授業を通して、自宅ではできない人間関係を学ぶことができます。

ごく基礎的な人体の構造、生理的機能、安全に関する内容を、学校の授業で取り入れる必要があるでしょう（ギル、ハウ：Gill and Hough, 2007）。しかし、私が本書で述べてきた通り、これだけでは、子どもが性についての必要な知識や能力を身につける上で十分とは言えません。もっともわかりやすいレベルで言うと、もし子どもがプライベートと公共での行動の区別がついていなかったら、子どもが地域に出向いていくことは不可能、またはきわめて難しいということです。

マスターベーションや個人行動を基にした性の確立に焦点を当てて、子どもを教育すべきだとする研究者もいます（ケンブリッジ他：Cambridge et al., 2003）。それは、一生パートナーをもたないまま、マスターベーションなどの方法だけで自分の性を表現する子どももいるからです。そうでない子どもは、少し先のレベルまで自分の性について学び、性交や性感染症、妊娠といった問題に関する知識や能力を習得できるでしょう。

9 学校での方針と手順

　学校の方針の中に、校内での性行動についても定めておくべきでしょう。寮制の学校であれば、子どもがマスターベーションをすることができるよう、職員は定期的に子どもが一人になれる時間をつくりましょう。通学制の学校であれば、マスターベーションを学校でさせないようにしなければなりません。子どもが学校のトイレ（個室）で鍵をかけてマスターベーションをすることを許可すべきだと思っている親御さんが実際にいます。「個人的な行動を個室で行う」のだから、その行動は公共とプライベートの行動をきちんとわきまえていると考えるわけです。そして、このような親は、子どもが「そこではマスターベーションをしてもよい」と理解していることを喜ばしく思うようです。

　確かに、非自閉症スペクトラムの大人は、トイレの中でマスターベーションをしているかもしれません。しかし自閉症児は、状況を区別する判断力が備わっていないので、親はしっかりした規則を子どもに教えなければいけません。学校のトイレでマスターベーションをすることが許された場合、果たして他のトイレとの区別がつくでしょうか？　公衆トイレでは、誰かから性行為を迫られるかもしれませんし、わいせつな行為として逮捕をされてしまうかもしれないのです。子どもは、現在は常に誰かと共に行動をしているかもしれませんが、20歳になった時、親は子どもの安全を守るためと言って、公衆トイレに一緒についていくわけにはいかないでしょう。

　教師には、個々の事例から結論を導き出し、継続的に行われるトレーニングが必要です。そして、政府の方針が変わっていないか、学校内で起きる可能性のある問題はないか、定期的に調査してください。人間関係や社会的な能力といった、性よりも複雑な問題のブロックを積み上げることが大切なので、教師がそれらについてしっかりした基礎を身につけるための研修が必要です。

　教師への研修では、性に対する教師自身の考え方や行い、そして、それが自分の指導能力にどう影響を及ぼしているか、探究する機会を与えるのもよいでしょう。小学校や中学校は、より複雑な指導を必要とする場でもあるので、教師たちもぜひトレーニングに参加してほしいと思います。最も適切な性教育を行う

ために、専門家として知っておく必要のある項目をいくつか挙げます（フェーガン、ロウチ、マッカーシー：Fegan, Rauch and McCarthy, 1993）。

▷ 客観性
▷ 教える内容に対する自信をもつ
▷ 率直な態度で臨む
▷ 偏見を最小限にするために、自分自身の態度に対する意識をもっている
▷ 現在の状況に関する知識をきちんともち、それを正確に伝えられる
▷ 親と頻繁に連絡を取り合い、親の話をよく聞く
▷ 必要に応じて「専門家」の助言を求める
▷ 性教育を充実させるためには、情報を繰り返し伝え、子どもがきちんと理解するまで根気よく指導し、さらに理解したことを子どもがどのような場でも生かせるようにしなければならない
▷ いろいろな感覚を取り入れた指導方法、絵を描く、手本を示すなど幅広い視覚的補助を用いる

　学校は、教師や親、その他の関係者を支援するための方法を考え、実施することが大切です。具体的には、子どもが支援を必要とする場合、または性的な行動が、教師や他の生徒に向けて現れた場合、その子どもを同性の教師がトイレに連れていくといったことを意味します。この過程で他の専門家に加わってもらう必要があるかもしれません。子どもが見せる性的な行動に対して医師の意見を求めたり、性に関する特定の話をするために学校カウンセラーの力を借りたりすることもあるでしょう。

　性教育に使う教材、また学校の方針や保健体育などの授業の中で、性に関する事がらがどのように扱われているかを定期的に見直しましょう。これは最新の政府の方針、地方自治体の情報や研修、任意の情報を基に行うことになるでしょう。残念なことに重度自閉症の人たちに適した情報はほとんどないのが現実です（グリーヴ他：Grieve et al., 2006）。性教育を行うにあたっては、定期的な査定と見直しが大切です。

学校は、生徒の反応によっては、同性の教師を選ぶ必要があるかもしれません（リアルムト、ルーブル：Realmuto and Ruble, 1999）。諸々の文化的背景から、男子生徒には男性教師が、女子生徒には女性教師が教えるべきだと考える親御さんもいます。小さい規模の施設の中には、生徒は性的なものには無縁だと見なしたがるところもあり、そのような考えは問題となり得ます（アレン：Allen, 2007）。また、女性教師の数が圧倒的に多い傾向にある特別支援学校で、このような配慮を行うことは難しいかもしれません。性教育実践の手引きは、性別に関して偏りのない中立のことばで書くようにしましょう。そうすれば、性別について少ししか触れていなくても、地方の学校でも取り組みやすいに違いありません。
　教師は、生徒が卒業後にリハビリセンターや社会福祉施設に移行する時に備えて、支援方法を考えておく必要があります。これは、一般的な保健体育の内容には含まれていないため、個人のニーズに基づいて行うことになるでしょう。
　その文書の中には、生徒が健康上の助けを必要とする時など、状況に応じて支援プログラムや専門家への相談が利用できるような体制についても記しておきます。

10 性教育の法的側面

　イギリスでは、小中学校でPSHE（Personal, Social and Health Education、人格的社会的健康教育）という名前の教科があり、その中で性教育を必須項目としていますが（教育職業技能省：Department for Education and Skills, 2002）、2006年に施行された青少年法の下では、教師は子どもが性や安全に対して、どのくらい理解しているかを評価したり、性教育の効果を査定したりすることはできないのが事実です（ヴァン・ボーゴンディエン、ライクル、パルマー：Van Bourgondien, Reichle and Palmer, 1997）。
　2003年の性犯罪法では、寮制の学校で、生徒が誰かと性行為に及ぶことを禁じています。2006年の青少年法では、生徒の限られた能力と法律を考慮した上で、生徒が性を探究できるような支援体制がとられています。この法律では、たとえばマスターベーションを取り扱う時、必要ならば、子どものために視覚的な教材

を使ってもよいと定めてあります。これはすべて問題を抱えた子どもや教師を守るためです。

11 性的な行動

公共の場での性的な行動に対処するのは難しいことです。それは次のような理由によります。

- そのような行動が一瞬の楽しみとなり、その行動が教師や支援者、親の反応によって強化され、即座に繰り返される可能性もある
- 性的な行動については、生徒の支援プログラムの中に組み込まれていないことが多いため、教師や親が教えたがらない

刺激を得て陰部を触ることを覚えてしまうと、それを止めさせるのは困難です。他の行動で置き替えようとしても、そのチャンスを狙っている子どもには、強力で即座に効果のある方法はなかなかありません。もし、そのような行動を公共の場でとってしまったら、教師は直ちに対処すべきなのですが、そう簡単にできないこともあります。効果的、かつ効率的に対処できなかったら、もっと大変な事態を招くことも考えられます。

12 重度自閉症の生徒に学んでほしいこと

次に挙げる事がらは、チソット（Tissot, 2009）の研究から引用したものです。

- 子どもの性の発達を教師がどのように支援しているかという情報
- 権利と責任
- 問題解決
- 人と出会う機会
- 入手できる情報と情報源

▷ 生徒のための今後の研修とグループ学習

13 寮の施設

　重度自閉症の子どもは、寮制の施設に入る場合もあります。その形態は、週末や祭日は自宅に戻って家族と過ごす「学校に付随した寮」であったり、卒業後の「成人向けの住居」であったりします。後者の場合は、その住居で一生暮らすことになります。それに代わるものとして、生活支援員がいるグループホームなどもあります。

　2006年に施行されたイギリスの青少年法では、合意の下でも学校の寮内で生徒同士が性行為を行うことを禁じています。寮制の学校で、生徒間にそのような行為が認められたら、教職員は次のような手順を踏んでください。

▷ その状況は、お互いの合意の下だったのか、何らかの力関係が存在していないか、どちらが最初に接触を求めてきたのか
▷ 親や寮の職員を含むチーム全体で問題を話し合い、今後の方針を立てる
▷ その二人が性行為ではない、何か別の活動を一緒に行うよう指導する
▷ 随時、親に状況を報告する
▷ 各寮生が寝室で見廻りもなく放っておかれていないことを確かめる

　性に関する問題に取り組み、生徒を支援するにあたっては、親との協力体制が必須です。チソット(Tissot, 2009)は、寮に住むある男子生徒が、マスターベーションでなかなか絶頂に達することができず、その結果、陰部を傷つけてしまったという事例を紹介しています。学校側は親と協力しあい、その青年がマスターベーションをうまくできるような説明の本を作成し、寮と自宅の両方でそれを使ってみました。

　地方の青少年保護局の職員もそれに関わり、2006年の青少年法にしたがって、その説明本を精査しました。青少年法には、たとえ個人的な指導や援助を行うためといっても、教職員が生徒のそのようなプライベートな場を観察することを禁

じています。その男子生徒は、3か月後にようやく問題を解決し、絶頂に達することができたそうです。

　精神的疲労、婚姻関係の破綻、死、家庭内の問題といった理由で、自宅で子どもを見ることができなくなり、子どもを寮に入れる場合があります。親が子どもの行動（特に暴力や性に関する行動）に対処できなくなり、子どもを入寮させることもあります。このような状況は、問題を引き起こす可能性があります。つまり、寮の教職員がすでに習慣化してしまった難しい行動をそのまま引き継ぎ、その問題を解決、対処しなければならないからです。そこには、性問題に関する広い意味での再教育が必要であることも含みます。

　性教育に関する法に基づいた指導要領では、親は子どもに性教育を受けさせないことを選ぶ権利があるとしています。しかし学校としては、子どもに性教育を実施するにあたって保護者の理解を得るために、日ごろから親とのよい関係を築いておくことは絶対といってよいほど大切です。性教育を十分に受けていなかったら、子どもが地域できちんとふるまうことができないままになってしまうことを親は理解しておきましょう。外で性的な行為を示してしまうと、補導や拘束され厳しい制限や監視人がいる場合にしか外出できなかったりといった状況になる場合もあります。

　子どもを寮に入れる理由が何であれ、親は子どもとの密接な関係を維持するよう努めなければなりません。定期的に子どもを訪ねる、時々家に連れて帰るなどもその一つです。したがって、寮は自宅に比較的近いところを選ぶことをお勧めします。イギリスのウィンターボーン・ヴューでは、自閉症を含む重度の知的障害者が、自宅から時には320キロも離れた施設に入れられるという特異な問題が存在します。それによって、家族や友人の家を訪ねたり、定期的に自宅に帰ったりすることが難しくなり、前述の通り、ぞっとするような長期にわたる身体的、精神的虐待がエスカレートし、さらにはそれが認識されることもなかったという恐ろしい事件が起こりました。

14 家族や友人の訪問

　家族や友人が寮や施設に訪問することには、いくつもの意味があります。まず、子どもは家族が離れて暮らすことがあるが、離れていても家族は家族で、それも家族の形の一つだということを確実に理解する必要があるでしょう。たとえ子どもが離れて暮らしていても、家族との関係が壊れることはありません。親は外の世界との重要なつなぎ目のような役割を果たし、子どもを施設に入れっぱなしにしようなどと思ってはいけません。1990年代以降、重度自閉症児が社会に出てからの暮らしの形として、小さい規模で介助付きのグループホームに住むというのが主流になっています。

　次に重要なのは、身内がそばに住んで時々子どもを訪問していれば、介助職員が不適切な行いをした場合でも、その状況をいち早く察知できるという点です。

　3番目のポイントは、前述のイギリスのウィンターボーン・ヴューで見られたような経営上、指導上の欠陥を見抜き、問題を書面に記録し、経営者に対して報告をすることができることです。

　寮制の学校を修了したら、子どもは成人向けの住居に移ることになるでしょう。この時点では、学校でつくり上げたいろいろな友人関係を維持していくことが大切です。それを促したり奨励したりするのは、やはり親の力にかかっていることが多いようです。

［3］支援者に関する問題

1 支援者の性別優位性

　男性支援者と女性支援者の間で、支援に関する役割のとらえ方が明らかに違います（ウィルソン他：Wilson et al., 2009）。女性支援者は男性入居者からの肉体的な衝動や暴力の可能性を内心とても心配しています。それにより男性支援者

の場合に比べて、支援の能力を発揮することが抑制されてしまうようです。相手が女性の場合は、性的な相手という意味ではない親しい関係を築くことができ、恋愛や肉体関係についての秘密の話ができたり、質問に答えたりといった心強い存在となることができます。それを男性支援者がやると、問題が起きたり脅威につながったりすることがあります。

しかし、女性支援者の場合、男性入居者の健康や性、感情の表現、身体的特徴、人との関係に対して、よい成果が出るような環境づくりに非常に長けています。女性支援者は、女性が社会でどのようにふるまうべきかというお手本を示すことができます。また、男性支援者が女性支援者と関わっているようすを男性入居者が観察することができる、というのも一つの理由ではないかと私は思っています。また女性支援者は、男性入居者に対して、社会でバランスをとりながらよりよく生きていくための指導者になり得ます。

男性支援者は、入居者と築いた関係を基に、積極的に活動を取り入れる傾向があります。男性入居者の性的な問題についても、より気楽に対処することができ、入居者との間に十分な信頼関係ができれば、よき擁護者にもなれるのです。女性と違って、男性支援者は、不適切な行動を非難されるのではないかという不安から、身体的、または感情的に距離を置く傾向があります（ウィルソン他：Wilson et al., 2009）。

一般的に、男性の重度自閉症者や知的障害者は、暴力的、または性的に異常な行動に出る存在として見られることが多いようです。男性支援者はこの印象を覆す意味で重要な存在となります。次に挙げる事がらを取り入れることを私はお勧めします。

▷ よいお手本として、より多くの男性支援者を雇う。雇用者は、不適切な就職希望者をしっかり見極めて採用を見送る義務がある
▷ 男性支援者が、男性入居者の医療関係者と連絡を取れる体制をつくる
▷ 支援者のための性や男性についてのトレーニング、入居者のためのグループ研修を十分実施する
▷ 運動など、身体的欲求を前向きに発散する方法に焦点を当てて取り組む

▷ 男性入居者が過ごしやすい環境整備を重点的に行う
▷ 男性は女性とは別に男性支援者によって指導されるべきだといったような文化的背景を考慮する

　性について教育する際は、一人ひとりのケアプランの中で考慮し、内容を見直しながら、今後の計画を立てていくことを勧めます。北アイルランドのベルファストの家族計画協会は、性について話したいという入居者のために、指名された係員がきちんと対応すべきだと考えています。ただ、重度自閉症者児の場合、その担当者と性に関する事がらが頭の中で結びついてしまい、その担当者に対して性的な感情を抱いてしまう可能性すらあるのが難しい点です（家族計画協会：FPA ＆ 公衆衛生協会：Public Health Agency, 2010; チソット：Tissot, 2009）。デイプログラムの中に、適切な行動や自己防衛などを学ぶ性教育の取り組みがあるべきだと私は思います。
　イギリスの社会介護協会（SCA, 日付なし）が、支援者の心得について述べています。

▷ 支援者は、入居者がグループホームで個性や権利を主張できる環境かどうかを確認しなければならない
▷ 入居者は自分が受けているサービスに対して不満や意見を言う権利をもつ
▷ 支援者は、入居者のケアプランの内容の一部に、性や性関係に関する事がらを含めておくとよい

2 施設介護における方針

　施設介護も、他のサービス同様、入居者とサービス提供者を守るために、一連の方針や手順に沿って行われます。明確な方針は、支援者を守り、サービスの内容自体も決定づけます。方針は理論の塊であってはいけません。支援者が安全に働けるための枠組みのようなものであるべきでしょう。手順とは、表に立って仕事をする介護者が、方針の中で明らかにされている考え方を現場で、どのよう

に取り入れるかを示したようなものだと考えてください。

　歴史的に見てみると、施設介護は、入居者が決断を下す過程で介護側が協力をするという流れがあるようです。つまり、入居者が物ごとに対する責任を取ったり、選択を行ったりする可能性を最大に引き出そうとしていることを意味します。これは、入居者とのやり取りを行う中で管理者側の意思が存在しますから、入居者の権利が確実に守られるような方針や手順がまず必要となります。

3 介護者の補充

　施設介護の責任者が介護者を募集するにあたっては、入居者の性に関する支援を行うのに必要なふさわしい態度や意義をはっきり伝えなければなりません。新しい職員を教育する場合は、継続的な指導や支援を行い、性や人との関係についても、あらゆるレベルでの研修を提供しましょう。実際の場面で適切な態度で臨めるかどうかを見定めるために、面接の過程で入居者に関わってもらうとよいと指摘する研究者もいます。

　これは確かに理想的かもしれません。しかし実際には、入居者のために家庭に近い環境で性や性の表現に関する支援をする状況が整う前に、入居者を「同席させる」プレッシャーを経営側から与えられることを不満に思う職員がいるのも確かです（チソット：Tissot, 2009）。研究者によると、性に対する態度というのは、ありとあらゆる体の接触（握手をする、抱きしめるなどを含む）を拒むレベルから、両者が性交渉に対する同意を示す能力があるかどうか、そして、その合意の陰には、力関係が存在しないことを確認するレベルまで、大変幅広いのです（施設介護協会：SCA, 日付なし）。

　支援者を対象にしたある学術調査では、入居者の性行為やマスターベーションなどの行動は止めさせるべきで、手をつないだりキスをしたりすることは、許可してもよいと考えている人が多かったという結果が出ました（家族計画協会、公衆衛生協会：FPA and Public Health Agency, 2010）。どのような形であれ、入居者が同性に対して魅力を感じるような場合は、状況が変わってくるため、入居者に対しても多様な情報を送る必要が出てきます。

ある研究で、知的障害者のためのデイサービスや社交の場でのトイレが当たり前のように男女共用になっていることが明らかになりました（施設介護協会：SCA, 日付なし）。この報告の執筆者は、たとえやんわりと性的接触を禁止しても、これはトイレの中で性交渉を密かに行える状況をつくっており、障害者がより傷つきやすく、また性行為や性的搾取に巻き込まれやすい環境を提供しているという印象をもちました。この報告書によると、性行為に合意する能力をもつ入居者が、自分の部屋に訪問者を泊めてもよいことになっている場合、その部屋にダブルベッドが置かれていたら、簡単に興奮する状態をつくる結果となり、性関係をもつことを未然に防ぐのは無理だとしています（施設介護協会：SCA, 日付なし）。

4 継続的な指導と支え

　施設介護に携わる職員が効果的に職務を果たすためには、継続した指導力が必要です。この場合の指導力とは、直接観察をするというよりも、上司やカウンセラーに相談やその他必要な援助を求めやすい環境が整っていることを意味します。定期的に研修会を開き、考えを出し合ったり問題を話し合ったりしながら、チーム一体となって職員を支えていくのです。
　性に関して言うならば、ほかの機関では性行為などの問題を解決するためにどのような方法を取り入れているかを知っておくのも大切でしょう。しかし実際に、そのような問題はそう頻繁に起こるものではありません。

5 当事者と親の参加

　性と人間関係の研究プロジェクトで、知的障害者の見方や経験を知るために一連の演劇研修会を開き、彼らの声を聴いたことがあります（ガーバット：Garbutt, 2008）。重度自閉症児が対象の場合、このような企画をするのは難しいかもしれませんが、絵や手本を用いながら、絶頂に達することができない、マスターベーションをするのにもっと時間やプライバシーがほしい、性的な遊具を使ってみたいなどの問題や悩みを語ってもらうことは可能でしょう。

親が成人に達した子どもに対する親権をまだもっているのであれば、子どもへの支援内容を充実させる過程に関わるべきでしょう。その内容とは、社会生活の中でつくられる友情やその他の人間関係、または公共の場で性的に不適切な行動をとった場合に生じる手続きなどを意味します。親からの意見は支援計画を立てる上で役立ち、支援者のよき参考となります。

[4] 性行為に対する合意

1 法と判断基準

　2003年に施行されたイギリスの性犯罪法には、受け入れられることと受け入れられないことが定められています。そこでは、行為に関わった人の性別に関係なく、合意の年齢は16歳と決められています。これが成人した子どもに関して介護職員が判断をする際に使われる基準だということを親は知っておくとよいでしょう。
　次に挙げる事がらは、合意を示す能力があるかどうかを判断する基礎となり、十分に認識、理解しておきたい部分です。

▷ 具体的な性行為の仕組み（具体的な行為に対する合意）
▷ 性行為によって生じる可能性のある、性感染症などの健康上の弊害
▷ 女性と男性が性行為に及んだ場合、妊娠をする可能性があるという事実

　イギリスの知的障害協会（The British Institute of Learning Disabilities: BILD）は、当事者が性行為に対して合意を下す能力があるかどうかを決める専門家支援のための能力評価方法（Capacity Assessment Tool）を開発しました。そこには、どの分野で個人を評価するべきかが詳しく書かれており、絵を使ってコミュニケーションを容易にするための情報も紹介されています（巻末の参考資

料)。また、力関係や、性関係における主張能力などの問題も取り扱っています。

性の法律に関する最も大きな問題は、法律の解釈がはっきり定められていないことが多く、多くが施設介護の責任者に委ねられている点にあります。もちろん、その解釈は経営側や先頭に立つ職員の態度や考え方に左右されるため、当事者への支援も実にさまざまなものとなるのです。

2 性を施設介護の場に組み込むという目標

性を施設介護の場に組み込むことに関しては、当事者が卒業した学校と密接に協力しているかどうかが影響してきます。学校で習った対人スキルや知識を引き続き深めていくことが理想ですが、それには本人がその目標に喜んで応じ、引き続き頑張る意思を示す必要があります。

性教育のプログラムも継続して行い、行動を確認しながら、個人の学習のニーズを決めていきましょう。施設やグループホームに入ると、子どもがより性的な問題を起こしやすいと言われています。それは、子どもにとって、家族ではない他人と生活の場を共有する初めての機会となり、そのような人たちに性的な魅力を感じたり、感じさせたりしてしまうからかもしれません。

このような経験は、その環境によってつくられていくものです。したがって、施設介護の職員が、大切な社会の一員になっていく子どもの発達の支えとなり、子どもの性の確立を願って、適切な態度と能力を発揮して子どもと接することが大切です。そうすれば、子どもはきちんと導かれ、守られることでしょう。前向きな性に対する方針や指導があれば、子どもが虐待を受けたり性的搾取に遭ったりする可能性をより少なくし、より充実した生活を送ることができます。

年配の知的障害者の性の知識と能力に関して言うと、国のカリキュラムに沿って教育を受けた人たちとそうでない人とでは大きな差があることを示した研究結果があります（ホロモッツ：Hollomotz, 2011）。年配の人たちの多くは、学校で性教育を受ける機会がなかったため、知識も能力も乏しいのが現実です（シェークスピア他：Shakespeare et al., 1996）。実際、このような人たちは、いまだに性教育を必要としており、その多くは今後も介護施設に住むことになるでしょう。

デイサービスなどで行われる男女それぞれを対象にした健康に関する勉強会は、革新的な企画であり、性の健康に関する情報をより広い範囲で提供するという意味でもよい結果が出ています。

　また、共通の趣味に基づいたグループ活動は、入居者が友人関係を育てるのに役立ちます。施設介護の職員は、最も重要な生活の側面の一つ、入居者が友情を育て維持するといった部分で静かに見守る効果的な存在となります。しかし職員がそのような立場で仕事を続けていくには、先を見越した経営側の動きや職員への研修、基準を維持するための支援が必要でしょう。ただ、この手のサービスには統一性がなく、緊迫した経済の中ではなかなか優先されないのが現状です。しかし、このような支援が、長い目で見て、個人や社会に対して役に立つことは明らかです。

3 家族の意見

　親の考え方は、間違いなく、重度自閉症児の経験に大きな影響を及ぼします。また、子どもの性に関する権利にも、多くの場合、親の考え方が否定的に影響するようです（ジョンソン他：Johnson et al., 2002）。多くの親は性に関して、自分の子どもにも非自閉症スペクトラムの子どもと同じような権利があってほしいと願うものですが、安全面を考えたり、自分の子どもが明らかに弱みをもっていることへの恐怖感を抱いたりして、そういった強い願いをあきらめてしまいます（シンプソン、ラフェルティ、マッコンキー：Simpson, Lafferty, and McConkey, 2006）。

4 情報収集

　子どもへの他の支援と同じように、性に関しても、基礎的な情報を得るために必死に苦労している親御さんがいます。これは時にかかりつけ医に相談して解決することもあります。子どもの学校にもよりますが、教職員から情報を得られることもあります。しかし、多くの親は、子どもが学校の性教育で何を教えられて

いるのかもわからず、また相談をする場もないことに不満を感じています（ガーバット：Garbutt, 2008）。

　親は学校に対して、定期的に話し合いの場をもち、情報交換しながら、先を見通した取り組みを行うことを望んでいます。定期的な目安としては、季節（学期）ごとに（春、夏、秋などの頻度で）集まるといったところでしょうか。さらに親たちは、性に関する問題に対して助言をくれる専門家の連絡先を知っておきたいと考えています（ガーバット：Garbutt, 2008）。

　私の経験から言うと、性や子どもに関する質問の的を射た答えを探すために、親たちは自閉症のウェブサイトを利用しがちですが、子どもの性の問題がすでに表面化していることも多く、またウェブ上の答も曖昧だったり、価値観もさまざまだったりするため、経験のある専門家の方がはるかに適切だと言えるでしょう。

　ある研究調査で、他の子どもの親御さんたちと会って性について気軽に話し合う場があると、そこで自信がついたり助言をもらえたりするという意味で効果があるという結果が出ました。特別支援学校では、このような会合が習慣的に開かれることがありますが、通常の学校ではめったにありません。しかし、誰かが学校の経営側（主任教師とイギリスの政府）に対して、家族や地域ときちんと関わりをもっているかどうかの調査を行ったなら、経営側はもちろん進んでその意思があると答えることでしょう。特別支援学校か通常の学校かに関係なく。学校を選ぶ際には、学校の入学案内を請求したり、問い合わせをしたりしましょう。

　イギリスの社会には特別支援が必要な子どもや教育体系に対する誤解が存在するため、地域の支援を得ようと、特別支援学校が地域とより幅広く連携したりコミュニケーションを図ろうとしたりする傾向があります。このような姿勢を見せる学校は、生徒たちをより広い社会に溶け込ませるための支援を行なっていると言えるでしょう。

　このような試みを行う際、最も基礎的で重要なことは、公共の場で受け入れられる行動と受け入れられない行動をしっかり区別して教えこむことです。これは主に、危険な行動、乱暴な行動、そして性的な行動を意味します。このようなことから、地域に根ざした学校の多くが、知識と実践の両面において性教育に精通していると言われるのです。

イギリスの国立自閉症協会（NAS）や他国の同様の組織は、いろいろな情報や自閉症児をもつ他の親との交流手段を提供しています。地方の自閉症協会の支部では定期的に集まり、助言をし合ったり、性に関する考えや問題を、会合の場やNASのフェイスブックなどのオンラインで共有し合ったりしています。ソーシャル・ネットワークのサイトは、悩みやイベント情報を共有する便利な場で、自閉症児を育てる中で経験しがちな孤独感を打ち破ってくれるところが魅力です。

5 お互いに依存する状況

親が歳を取り、能力が衰えていくにつれ、両親と重度自閉症児の間で、お互いがお互いに依存する傾向が高まる可能性があります。つまり、親が精神的に健康とは言えない状態で、自閉症のわが子に世話や支援を頼る時などがその例です。子どもの社会的能力がどれくらい発達しているか、この時点までに子どもが大人になっているか、なったかなどにもよりますが、世話の範囲は、食料品の買い物から下の世話までさまざまです。逆の見方をすると、成人の自閉症者は、親が子どもに対して思っていたような「こんなはずじゃなかった」といった状況に追い込まれるのです。外から見ると、主要な介助人が弱っていくにつれ、世話をする立場を逆転させるという家族の決断はいたって納得のいくことです。しかし、次のことを考慮しなければなりません。

▷ 日常の意思決定は「子ども」によって下された判断ではない
▷ 自閉症の人たちは日課に頼っていて、新しい状況には不安を感じる。彼らは親から「私たちがあなたに世話をしてもらえないのであれば、老人ホームなどの別の場所に引っ越して離れて暮らすこともある」と言われ続けてきた可能性がある。そして、親はこうするしかないと思っているかもしれない
▷ 親は、自分たちの世話をしてもらうために、これまでと違う状況ができたり、家で見ず知らずの介助者を雇ったりすることがいやかもしれない。したがって、自分たちの「子ども」に頼ってしまう
▷ 「子ども」の世話に頼る場合、家の中で子どもが「安全」で、敵意に満ちた社会

から子どもが守られているかどうかを確認しなければならない。子どもが人生の大半うわべだけ「守られている」状況の下、家の中で孤立しているとしたら、かなりの問題である

▷ 子どもが親から長年の世話を受け、親自身は子どもの世話に追われて自分の人生を謳歌できなかったことから、「子どもは親に借りをつくっている」と考える親がいる

　これは、歳を取っていく親の援助に関わることになる非自閉症スペクトラムの子どもと議論すべきことなのかもしれません。しかし、「子ども」を援助する必要が長く続く場合、話は違います。親が歳をとり援助をより必要とする状態になったからと言って、子どもの介助や支援の必要性がなくなるわけではありません。

　実際、自閉症の「子ども」は、この先もずっと孤立するかもしれないのです。その結果、長い目で見ると、親が完全にいなくなってしまった時に、子どもがより傷つきやすい状態に置かれるかもしれません。

　親は自閉症の子どもに何が起きるか、そのためにお金のやりくりをどうするか、などの計画を立てておく必要があるでしょう。子どもが別の場所で暮らすことになるのなら、子どもが将来のその変化に適応できるよう、親の考えや新しく世話をしてくれる人たちのこと、実際に住む場所について、なるべく早い時期に子どもに説明しておくことをお勧めします。説明の際には、子どもが使っているコミュニケーションの手段を用いるとよいでしょう。前もって計画しておけば、親は、子どもが可能な限りの支援を受けて、安心して天国に旅立てるでしょう。

[5] 性の探求は保障されるべき——まとめにかえて

　イギリスでは、中度の自閉症児ですら定型発達児の学校に入れようとする動きがあり、特別支援教育を専門としない教師が、自閉症の子どもたちの性の問題にも取り組まなければならなくなっています。特別支援教育コーディネーター（SENCOs: Special Education Needs Coordinators）が適切な性教育を率先して

行わなければなりません。

　重度自閉症児が性について学ぶ上で難しいことがあります。それは、親がろくろく休む間もなく子どもの世話に追われているため、とにかく疲れきっていることが多く、必要と思えない性教育の責任が自分たちの上にのしかかっていると感じている点です。多くの親は、その話題を出すことによって、子どもを性に目めさせてしまうのではないかと考えます。そして、かなり後になって、性的な行動が現れてからではなく、もっと早く、子どもが小さい頃に性の問題について取り組んでおくべきだったと気づくのです。

　教師や寮の支援者は、自閉症の生徒や青年に性のことで教えたり支えになったりするのは、特にこれが感情を刺激する話題であるため、自分たちの仕事ではないと感じているかもしれません。公共の場で、または職員に向けて性的な行動を示した時にのみ、これらの従事者たちは性の話題に取り組もうとすることをもう一度言っておきたいと思います。

　性への取り組みにあたっては、親、教師、支援者が保守的になりすぎる傾向があります。先を見越して取り組むことで、定着しがちな不適切な性行動をうまく防ぐことができます。成人自閉症者が、そのような行動をとってしまうと、法的な責任問題を問われたり、敬遠されたりという結果が待っています。

　将来のことを考えると、学校が特別支援学校か通常学校か、また通学制か寮制かに関係なく、学校は小学校から中学校を卒業するまで、まず、親とよい関係を築くことが求められます。重度自閉症児を支援し、教育しようという前向きな意思をもっているものの、学校と親の間には考え方や悩んでいることに違いが見られる場合が多いのです。学校は学術研究の結果や国の教育水準報告といったものによって教育を進める傾向があります。親は感情や極度の疲労によって動かされることが多いようです。親は、学校が自分たちの状況を理解していなさすぎると感じる傾向があり、親が子どものIEP会議に参加する場合、親の同意や擁護を得るための仲介的な存在が必要になるかもしれません。学校と親との関係を向上させるための方法確立に向けて、入念な調査や研究が必須であることは間違いありません。

　性教育の実施にあたり、最も影響を受けるのは、重度自閉症児であるのは明ら

かです。彼らの声はすべて無視され、ぞんざいに扱われています。重度自閉症の子どもが意味のある、心身のバランスのとれた性行動をとることができるよう、親や学校、介助者は積極的に子どもの声を聞き入れたり、子どもと関わったりする必要があります。

重度の子どもの多くは学習能力に限度がありますが、子どもは発達し続けること、ことばがないのは知的能力が低いことではないこと、性に対する子どもの「権利」を尊重するために、学校・教師は、子ども自身がまず学ぶ権利を有することを頭に入れるべきでしょう（レッセライヤース：Lesselliers, 1999）。

親や教師、その他子どもに関わっている専門家たちの間で、明白な共通の方法を用いることが最も効果的です。性教育に関して複数の人たちが関わるとしたら、次に挙げる人たちや機関がそれにあたるでしょう。

- 親
- 教師
- 特別支援教育コーディネーター
- 政府
- 言語療法士
- 作業療法士
- 医師
- 学校のカウンセラー
- 施設介護や教育機関の支援者
- 保健室の先生
- 精神科関係のチームメンバー
- その他の関係者（レスパイト・ワーカーなど）

性に関する情報を意味のある方法で子どもに伝えるためには、一貫性、はっきりとしたやりとり、明白なことばは欠かせません。でも親が性について語る時、このような重要なことを忘れていることが多いのです。それよりも、子どもの性を無視したり、この分野の話は多くの人にとって扱いにくいし、十分な情報や支

援方法をもっていないという理由で、誰か他の人に責任を負ってほしいと願ったりする傾向があるようです。

　最終的に、自閉症のわが子が失敗しながらも友情を育んでいくための支援方法を親が学ばなければなりません。そして、セーフティー・ネットのように人とのつながりや活動を提供してくれる協力的な場をつくっておく必要があります。

　自分の子どもが誰かと性関係をもつことは一生ないかもしれない、また子どもをもつこともないかもしれない事実は、子どもの障害診断が下りた遠い昔にすでに認識し嘆き悲しんだことでしょう。しかし、これまでに考えたこともなかったかもしれませんが、子どもが人から助けてもらいながら知識やスキルを身につけ、幸せな性生活を（たとえそれが自分だけによるものでも）もつことができるという見方があります。

　重度自閉症の子どもは、社会的、認知的に発達しながら大人になっていきます。学校を卒業した後でも、対人能力やコミュニケーション能力を十分に伸ばすために、教育的な試みは重要であり続けます。性教育や友人、その他の人たちとの関わりに対しても同じことが言えます。なるべく高いレベルに向けて自立心を養う試みを継続して行うことで、将来、親がいなくなっても、自分の世話は自分でできる能力が子どもに備わるはずです。

　自分の知識を日常の決断に生かせない、または、認知能力の欠如により性行為に対する合意を自分で下すことができないという子どももいます。しかし、知的障害があるからといって、子どもの、すべての人間にとって不可欠な部分とも言える性への探究を邪魔することは間違っています。自閉症児も性を探究し、自分の性関係を築きたいのです（ターネイ、ウォルフ：Tarnai & Wolfe, 2008）。ただし、社会的習慣や文化の枠内で、性に関する権利を学習しなければなりません（スワンゴ・ウィルソン：Swango Wilson, 2008）。重度自閉症児のあらゆる部分を包み込み、気持ちの高まり、充足感、歓びといった性への理解を示してこそ、成熟した社会と言えるのではないでしょうか。

付録1

自閉症スペクトラム障害の定義

次に挙げるいわゆる「3つの障害領域」の各項目から、自閉症スペクトラムにあてはまるものを選び、診断が行われる。

①対人的相互反応における障害
- 視線を合わせようとしない、自分の頭や目を執拗に抑える
- 抱きしめられたり、適切に触られたりすることを嫌がる
- 人に対して不適切な反応を示す(ケガをした人に向かって笑うなど)
- 人に対してよそよそしい、または無頓着である
- 自然に人と関わろうとしない
- 人に対する共感が不足している
- 自分の「行動計画」に従う(その行動は奇妙であることも多い)

②コミュニケーションにおける障害
- 聴力には障害がないが、話しことばに遅れが見られる
- 名前を呼ばれても反応しない
- 単語や文章をおうむ返しする
- 一般的に、一人でいることを好む
- 人とうまく関わることができない
- 自分の要求を表現できない――ジェスチャーを使ってできる場合もある
- 情報伝達・収集を目的とした話しことばを理解できない
- ボディーランゲージや話しことばの微妙なニュアンスを理解できない
- 話しことばを字義通りに解釈する

③社会生活における想像力の欠如
▷ 物ごとの全体像ではなく、細部にだけ目を向ける
▷ 物に対して不適切な愛着をもつ
▷ ある行動をいつまでも繰り返す
▷ 自分自身がくるくる回ったり、物をくるくる回す
▷ 物を並べたがる
▷ (多くの場合、入念な) 日課に固執する
▷ 想像力を使っておもちゃで遊ぶことができない
▷ 掃除機をかけるといったような親の行動をまねることができない
▷ 限定した関心を繰り返し示し、多くの場合、その関心に対する知識は膨大なものである

④その他の兆候
▷ 痛みに対して過敏、または鈍感である
▷ かかとを上げて歩く──自閉症スペクトラムの人たちは、足全体を床につけると痛いと言う
▷ 危険に対する恐怖感がない
▷ 明らかな理由もなく暴力的になったり、癲癇を起したりする
▷ 頭を打ちつけたり、引っかいたりといった自傷行為を示す
▷ 多動である
▷ 睡眠障害がある

　繰り返し、何か一つの行動を示すのには目的がある。そのような行動を取ることによって、心が落ち着き、先を見通すことができ、戸惑いにあふれた世界から自分を守っているのです。本人が集中しているものを妨げたり、取り上げたりして邪魔をすることは、最大の苦痛となり得る。

付録2

自己受容感覚

　自閉症スペクトラム障害の子どもの中には、筋肉や腱、靱帯、関節が効果的に機能していないことがある。空間と自分の体に対する意識といった、効率的な調整がぴったりかみ合うことを自己受容感覚と言う。具体的なことばで説明すると、子どもがまっすぐ立つことができない、姿勢を保つことができないといった状況を意味する。子どもが座っていられない、サイクリングやトランポリンなどの体全体を使った運動ができないという場合もある。

　また自分の体を静かな状態に保ち、自分の覚醒レベルを規則正しくするために、自己受容を高める刺激が必要な自閉症児もいる。そういう時、子どもはそれを達成するために自己刺激の行動を見せたり、定期的な運動が必要であったりする。

付録3

てんかん

　重度自閉症の子どもの約4分の1が、青年期に入るころに発作を起こし始めると言われており、発作の前には乱暴な、または普段と違った行動を見せる（エデルソン：Edelson, 2011）。このような発作はホルモンのレベルが高くなることで起こる。発作は意識混濁が特徴だが、まず目つきがぼんやりし、10秒ほど意識がなくなり、その後何もなかったかのように意識が戻る。その状態は軽く見え、気づかないこともあるが、発作は突然、予期なく起きて意識混濁を招くため、子どもにとっては一体何が起きているのかを把握することが難しく、大きな不安を感じる。次のような症状が出たら、部分発作ではなく、全般発作と考えられる。

▷ 意識を失った状態で床に倒れている。時に、苦しそうに声を出している。

▷ 多くの場合、背中を曲げて体が硬直している。
▷ 呼吸が止まった状態になり、唇が青ざめ、首や顔が腫れて赤らんでいる。
▷ 無意識に筋肉が収縮し、体を激しく震わせている。顎が固まったようになり、呼吸が荒くなる。唾液が泡のように口から出る。舌や唇を噛んだ場合は、血が混じることもある。
▷ 尿や便の失禁が見られる。
▷ 通常、数分以内には筋肉の緊張が緩み、呼吸が元に戻る。かなり意識がぼんやりし、奇妙な行動をとり、その後深い眠りに陥る。

発作でこのような症状が明らかに見られたら、直ちに医師の判断を仰ぐ。治療効果を上げるために、患者の体重や発作の性質によって、薬の量を設定する必要があるが、すべてのてんかん発作は薬で治療できる。

治療によって著しく発作の軽減はできるが、完全に発作を予防することはできない場合もある。発作を起こした場合の救急手当てについて、親は知っておく必要がある。自分の子どもが発作を起こさなくても、自閉症の友だちが発作を起こす可能性はかなり高いため、子どもの友人たちに対しても積極的に援助ができるようにしておくとよい。

全般発作を起こした時の救急手当ての方法を紹介する。
1. もし倒れそうになっていたら、けがをさせないようにする
2. 十分な場所を確保し、鋭利なものや熱い飲み物など、けがにつながりそうな物をその場から除外する
3. 発作を起こしている人の頭の下に、上着や座布団などの柔らかい物を置いて、頭部を守る
4. 首の回りの衣服を緩める
5. 倒れてから意識が戻るまでの時間を計る
6. 気道を確保しようとして、口の中に何か入れようとしてはいけない
7. 発作が起きている間、体を押さえつけるようなことをしてはいけない
8. 直ちに危険だと思われる場所でない限り、勝手にその人の体を動かしてはいけない

救急車が到着するまでの間に確認しておくこと
▷ この発作は、その人にとって初めてかどうか（子どもの場合は、親に確認する）
▷ 10分以上意識がなかったかどうか
▷ 発作が5分以上続いたかどうか
▷ 発作が繰り返し起きていたかどうか
（セント・ジョン救急サービス：St. John's Ambulance Service, 2013）

付録4

性的虐待の事例を判断する手順（新しい提案）
▷ 面接を実際に始める前に、最低2回は子どもを面接する相談員と会わせておく。
▷ 子どもが安心して面接に臨めるよう、なじみのある場所を面接会場として選ぶ。これは虐待が行われたと思われる場所にもよる。学校の教室や病院の相談室などもよい。
▷ 相談員は、子どもと視線を合わせることは必ずしも必要ではないこと、そのことが自閉症児にとっては、居心地の悪いものであることを理解しておく必要がある。自閉症児が恐怖感を感じ、黙ってしまいがちな直接的な質問ばかりをする形式よりも、何か他のことをやりながら話を進めていくと、より情報を引き出せることがある。
▷ 面接は短時間で終わらせなければならない。子どもの集中できる時間は短いので、休憩を何度もとり、子どもとの結びつきを深めたり、少なくとも相談員に親しみをもってもらえたりできるような機会をつくるようにする。
▷ 子どもが自己刺激の行動をとるのは、自分の不安な状態を抑えようとしているからだということを、相談員は理解しなければならない。子どもは面接の間ずっとこの動きを続けるかもしれないので、その最中にことばをかけたりコミュニケーションを図ったりすることが重要である。

- ▷ 何が起きたかを子どもに表現させるために、見慣れない解剖学で用いるような人形を使うのではなく、子どもにとってなじみのあるおもちゃを面接に持ち込むことを許可するほうが、はるかに効果的である。
- ▷ 子どものことをよく知る人に面接に参加してもらうとよい。状況にもよるが、家族よりも、教師や支援員といった専門家のほうが適切である。
- ▷ 自閉症の子どもが、人との身体的距離やボディーランゲージについて明確に理解していないことを、相談員は認識しておくべきだ。そうでなければ相談員は、子どものこのような社会性の欠如を目の当たりにして、子どものコミュニケーション能力に対し悪い印象をもってしまう可能性がある。

参考資料

＊電話をかける場合、国番号 44 を押し、最初の 0 を除いた市街局番からかける。

◎ CD・DVD

バロン・コーエン S.（2004 年）『心を読む：人の気持ちを理解するには（CD）』
ジェシカ・キングズリー出版（ロンドン）人を尊重することについて学ぶ教材

家族計画協会（2011 年）『一緒に語ろう―性と人との関係』家族計画協会（ロンドン）

家族計画協会（2011 年）『一緒に語ろう―大人になるということ』家族計画協会（ロンドン）
知的障害の青少年に関わる学校関係者や保護者を対象にした 2 種類の実践本と DVD
www.fpa.org.uk

ヒングスバーガー D.（2000 年）『手づくりの愛―男性へのマスターベーションの指導法』：ダイヴァース市印刷局（オンタリオ州バリー）
本と DVD。マスターベーションに関する神話に触れながら、性教育の方法を提案し、性の健康と歓びを実現するためのマスターベーションについて論じている。

ヒングスバーガー D. & ハー S.（1999 年）『簡単ガイド―女性へのマスターベーションの指導法』ダイヴァース市印刷局（オンタリオ州バリー） www.diverse-city.com/dvds

生活支援制作会社（出版日不明）『人間関係と性についての新ガイド』生活支援制作会社
移行期を目前にした青少年のための DVD
Tel: 020 7723 7520　www.lifesupportproductions.co.uk

生活支援制作会社（出版日不明）『あなたとあなたの身体、そして性：』生活支援制作会社
知的障害の青少年を対象とした包括的な性教育の DVD
Tel: 020 7723 7520　www.lifesupportproductions.co.uk

◎実演モデル
性教育用の布製人形　www.bodysense.org.uk
射精するペニスとコンドームの模型　Tel: 01795 479787　www.adam-rouilly.co.uk

ウェンディ　女性の陰部の内外を示すラテックス製の3次元模型で、3種類の肌の色から選べる。
www.bodysense.org.uk

◎絵本・小冊子
クラフト A. & ディクソン H.（2006年）『自分の姿を思い浮かべてみよう』
思春期に起こる身体の変化、公私の行動、マスターベーション、コンドームの使い方、公衆トイレの使い方、人間関係の作り方などを指導するための絵カード集
www.bodysense.org.uk

『成長するとは』　自閉症や知的障害の青少年のための小冊子
　　自宅でのマスターベーション
　　ディスコでのマスターベーション
　　男性のマスターベーション
　　女性のマスターベーション
　　夢精
　　公衆トイレの使い方
　　Tel: 0115 915 3265　　Email: admin@oakfield.nottingham.sch.uk

ガスケール（日付複数）『言葉を超えた本』ガスケール出版
　　知的障害の人たちが人生におけるできごとや問題を学習するための絵本
　　恋愛
　　男性陰部の衛生管理
　　女性陰部の衛生管理
　　安全なセックス
　　Tel: 020 7235 2351（内線 146）
　　www.rcpsych.ac.uk/publications/gaskellbooks.aspx

『成長と性、人との関係』
　　障害をもつ青少年を支援するための無料ダウンロードサービス、ポッドキャスト。
　　対象は、教師、保護者、障害者自身。
　　Tel: 0808 808 3555　　www.cafamily.org.uk

『自分で生理ナプキンを替えるには』
　　知的障害の女性が生理ナプキンの替え方を学ぶための小冊子。生理ナプキンの取り外し方、捨て方、新しいナプキンの付け方、手洗いについて画像

付きで説明。
www.bodysense.org.uk

マナスコ H. & マナスコ K.（2012 年）『特別支援を必要とする子どもへの「接触」の教え方—社会的、身体的距離を子どもにどう教えるか 』（ジェシカ・キングズリー出版）
　　ジェシカ・キングズリー出版はアスペルガー症候群、自閉症、社会福祉、芸術、療法、教育などの分野に特化した実践的な書物を世に送り出している出版社。
www.jkp.com

『成長の真っ只中にある子どものために』保護者のための小冊子シリーズ
　　マスターベーションとは
　　男性のマスターベーション
　　女性のマスターベーション
　　エイズについて
　　子どもを守る
　　人のお世話になりながら生きる人生と性
　　永遠の別れ
　　Tel: 0115 915 3265　　Email: admin@oakfield.nottingham.sch.uk

◎絵カード
『変化』（日付複数）性と人間関係シリーズ
　　シリーズ１：友情と恋愛関係
　　シリーズ２：性交とマスターベーション
　　シリーズ３：安全なセックスと避妊
　　シリーズ４：レズビアン、ゲイ、両性愛者、性転換者
　　シリーズ５：性的虐待
　　掲載されている絵はダウンロード可能（有料）　www.changepeople.co.uk

ヘルス・エドコ編（出版日不明）『乳がん自己検診の方法』
　　わかりやすい図表付き　www.healthedco.co.uk

『感情、権利、安全、衛生管理、性について学ぶ子どものための早わかり絵カード』
　　これまでのコミュニケーション教材にはなかった、わかりやすい画像入りカード
　　www.howitis.org.uk
マカトンブックス『手話とシンボル』
　　性、人格、社会、健康教育について書かれた本　www.makaton.org.uk

◎指導用教材
『ボディーワークス（身体の調整）』
  実際の経験を通して、「自己」意識を高めるための考え方を紹介している。身体を4つの部位に分け、各部位に関して自分で実際に体験をしながら、下記の事がらに対する意識を高めるための指導法が書かれている。
  健康、衛生管理
  外観
  自立
  自己を守る
  身体の管理
  性的な目覚め
  Tel: 0115 915 3265 Email: admin@oakfield.nottingham.sch.uk

ブルック（2011年）『自分の人生を生きる』（ブルック出版）
  特別支援教育を受けている人や知的障害者を指導する立場の人に向けてわかりやすく書かれた本。指導者が、性や人間関係について教える方法を開発、実践、査定する上で役立つ内容。グループ形成、身体的自己概念、感情、人との関係、性の表現、公私も区別、健康と安全の管理といった7つの領域を網羅。
  Tel: 02476 545557 Email: brook@adc-uk.com

ドッド K., ジョーンズ K., リディアード H., & ストラウド J.（2007年）『性の探求と社会の理解—知的障害者のための図解集』（キダーミンスター、イギリス知的障害協会出版）
  知的障害者の性知識や性交に同意する能力を支援者が査定する上で役立つ視覚的な情報をイギリス知的障害協会が図解でまとめたもの。性交に対して同意する能力があるかどうかという内容も含む。 www.bild.org.uk

ハート P. & ダグラス・スコット S.（2005年）『複合的なコミュニケーション支援を必要とする人々に性について教えるための情報キット（電池別売り）』（グラスゴー、コモンナレッジ）
  複合的なコミュニケーション支援を必要とする人たちに性教育を行うことの難しさを説明しながら、性に関する情報をまとめたもの。性感について学習するキット付き。

キーリング J.（2005年）『性の目覚めと性教育』
  知的障害者の保護者や保健教育者たちを支援するために、ジェーン キーリングが書いた。3巻で構成された本と演習帳、カードから成る。

第 1 巻 保護者と介助者のための教材
第 2 巻 保護者と介助者のための教材〜男性編
第 3 巻 保護者と介助者のための教材〜女性編
www.growingandlearning.co.uk

『生理に関する実践ガイド』
知的障害をもつ女性に生理用品の使い方を視覚的な方法で教えるための教材。保健教育に携わる人向けの CD 付き書籍。
www.bodysense.org.uk

スペアース（出版日不明）『人格、社会、健康および経済教育協会による自閉症スペクトラム障害の人たちのための教育プログラム』
フィオナ・スペアースは特別支援を必要とする子どもや大人、その家族、専門的に支援する人たちのための教育コンサルタント。
www.fionaspeirs.co.uk

◎教科書
ブレーク S. & カトラック Z.（2002 年）『信念、価値観、そして性、人との関係』（ロンドン、全国児童局）
性に関して中心となる価値観や信念を検証する書籍。性的指向、マスターベーション、ポルノ、性関係、婚外関係、避妊などの内容を含む。
http://ncb.org.uk/media/244761/faith__values_and_sex_andrelationships_educatioin.pdf

ファンストーン C. & アンドリュース S.（2009 年）『知的障害と性と法律に関する実践ガイド』（ロンドン、FPA）
2003 年性犯罪法の包括的検証とそれが知的障害者に与えた影響
Tel: 0845 122 8600
www.fpa.org.uk

◎有益な情報を提供する団体
BodySense（ボディセンス）
さまざまな障害をもつ青少年のための性教育に必要な教材を開発、導入している団体
www.bodysense.org.uk

British Institute of Learning Disabilities（BILD）イギリス知的障害者協会
知的障害者が自分の人生に関して決断を下したり選択を行ったりする際に、

手助けを行う人々を支援する団体　www.bild.org.uk

Brook（ブルック）
　　　Brook gives free and confidential advice on sexual health for the under 25s. 25歳以下の若者を対象に、性の健康に関するアドバイスを無料で、また匿名で提供する。
　　　Tel: 0808 802 1234　　www.brook.org.uk/home

CEREBRA（セレブラ）
　　　脳機能障害をもつ子どもの生活を向上させるために、研究や教育を通して、子ども本人や周りで世話をする人たちに直接支援を提供する慈善団体。
　　　www.cerebra.org.uk

Challenging Behaviour Foundation（問題行動支援財団）
　　　人間の権利を掲げ、多くの情報源やさまざまな支援を提供する団体。障害者自身によって運営されている。www.changepeople.co.uk

Common Knowledge（コモン ナレッジ）
　　　知的障害者を対象に、わかりやすいオンライン学習教材を提供。
　　　www.ckuk.org.uk

Contact a Family（コンタクト ファミリー）
　　　障害児をもつ家族を支援する団体　www.cafamily.org.uk

Diverse City Press（ダイバース シティ プレス）
　　　知的障害者やその保護者、介助者に対して教材を提供する小規模の出版社。
　　　www.diverse-city.com

Family Planning Association (FPA)（家族計画協会）
　　　健全な性、性交、性関係に関する情報や助言、支援を提供。イギリス在住者は誰でも利用できる。性欲や性の歓びといった内容の情報も得ることができる。オンラインショップでは、性の歓びや満足を高めるための性の遊具や小物、ゲームなどを販売している。
　　　www.fpa.org.uk

Health Edco UK（イギリス ヘルス エドコ）
　　　睾丸と乳房の自己チェックをするためのさまざまなキットを提供。キットにはわかりやすい図表やDVD、模型が含まれている。　www.healthedco.co.uk

Image in Action（イメージ イン アクション）
　　　障害者が性についての情報や理解をもつ権利があることを念頭に、過去25年以上にわたり、性の複雑な問題を解決したり、安全で理解しやすい性を実現したりするための効果的な方法や新しい手法の開発に取り組んできた団体。　www.imangeinactoin.org

Intensive Interaction Institute（人との関わりを集中的に教える協会）
　　　重度自閉症や知的障害をもつ人たちに集中的な関わりを促しながら、人間関係をもつことの楽しさを教える団体　www.intensiveinteraction.co.uk

National Autistic Society（国立自閉症協会）
　　　自閉症者とその家族を対象に、情報や支援サービス、トレーニングを提供する慈善団体
　　　www.autism.org.uk

PSHE: Personal, Social, Health and Economic Education Association（人格、社会、健康および経済教育協会）
　　　人格、社会、健康、経済の分野の教育に携わる専門家すべてを対象にした協会
　　　www.pshe-association.org.uk

The Son-Rise Programme（サンライズ・プログラム）
　　　自閉症スペクトラム障害の子どもに、家での遊びを中心に教えるためのプログラム。「仲間に入る」という概念を大切にしている。
　　　www.autismtreatmentcenter.org

Young Carers（ヤングケアラーズ）
　　　イギリスのケアラーズ信託の一部で、障害を持つ人を自宅で世話する若者を支援する団体。
　　　https://carers.org

References (参考文献)

Allen, L. (2007) 'Denying the sexual subject: Schools' regulation of student sexuality.' *British Education Research Journal* 33, 2, 221–234.

Ambitious About Autism (AAA) (2013) *Stats and Facts*. Available at www.ambitiousaboutautism.org.uk/page/about_autism/stats_and_facts/index.cfm (accessed February 2013).

American Psychiatric Association (2000) *Diagnostic and Statistical Manual of Mental Disorders, 4th edition, text revised* (DSM-IV-TR). Washington, DC: American Psychiatric Association.

American Psychological Association (2013) 'Understanding child sexual abuse: Education, prevention and recovery.' Available at www.apa.org/pubs/info/brochures/sex-abuse.aspx?item=4# (accessed April 2013).

Ashkenazy, E. and Yergeau, M. (eds) (2013) *Relationships and Sexuality: A Handbook for and by Autistic People*. Washington: Autistic Self Advocacy Network.

Attwood, T. (2000) 'Strategies for improving the social integration of children with Asperger Syndrome.' *Autism* 4, 1, 85–100.

Attwood, T. (2006) *The Complete Guide to Asperger's Syndrome*. London: Jessica Kingsley Publishers.

Autism Speaks (2013) 'Recognising and preventing sexual abuse.' Available at www.autismspeaks.org/family-services/autism-safety-project/sexual-abuse (accessed April 2013).

Baird, G., Simonoff, E., Pickles, A., Chandler, S., *et al.* (2006) 'Prevalence of disorders of the autism spectrum in a population cohort of children in South Thames: The Special Needs and Autism Project (SNAP).' *The Lancet* 368, 9531, 210–215.

Baker, S. (2000) 'Learning through pictures.' *Communication*, spring, 15–17.

Billstedt, E., Gillberg, I.C. and Gillberg, C. (2005) 'Autism after adolescence: population-based 13- to 22-year follow-up study of 120 individuals with autism diagnosed in childhood.' *Journal of Autism and Development Disorders* 35, 3, 351–360.

Biro, F.M. and Dorn, L.D. (2006) 'Puberty and adolescent sexuality.' *Psychiatric Annals* 36, 1, 685–690.

Borland, S. (2012) 'Care centres to be closed after abuse scandal as minister says there must be complete culture change in treatment.' *Mail Online*, 11 December 2012. Available at www.dailymail.co.uk/news/article-2246197/Care-centres-closed-Winterbourne-View-abuse-scandal.html (accessed June 2013).

Bradbury, B. (2012) 'The pressure principal.' *SEN Special Educational Needs Magazine*. Available at www.senmagazine.co.uk/articles/1012-how-a-body-awareness-programme-can-aid-relaxation-and-promote-learning-for-children-with-asd (accessed June 2013).

Burn, M.F. and Brown, S. (2006) 'A review of the cognitive distortions in child sex offenders: An examination of the motivations and mechanisms that underlie the justification for abuse.' *Aggression and Violent Behavior* 11, 3, 225–236.

Burton-Smith, R., McVilly, K., Yazbeck, M., Parmenter, T. and Tsutsui, T. (2009) 'Service and support needs of Australian carers supporting a family member with disability at home.' *Journal of Intellectual and Developmental Disability 34*, 3, 239–247.

Cambridge, P., Carnaby, S. and McCarthy, M. (2003) 'Responding to masturbation in supporting sexuality and challenging behaviour in services for people with learning disabilities.' *Journal of Learning Disabilities 7*, 3, 251–266.

Cavanagh Johnson, T. (1999) *Understanding Your Child's Sexual Behavior: What's Natural and Healthy*. Oakland, CA: New Harbinger.

Cavanagh Johnson, T. (2002) 'Some considerations about sexual abuse and children with sexual behavior problems.' *Journal of Trauma and Dissociation 3*, 4, 83–105.

Centers for Disease Control and Prevention (2012) 'Prevalence of autism spectrum disorders: Autism and Developmental Disabilities Monitoring Network, 14 sites, United States, 2008.' *Centers for Disease Control's Morbidity and Mortality Weekly Report*, 30 March.

Centers for Disease Control and Prevention (2013) 'Adverse Childhood Experiences (ACE) Study: Data and statistics prevalence of individual adverse childhood experiences.' Available at www.cdc.gov/ace/prevalence.htm (accessed April 2013).

Craft, M.J. and Craft, A. (1987) *Sex and the Mentally Handicapped*. London: Routledge.

Cronch, L.E., Viljoen, J.L. and Hansen, D.J. (2006) 'Forensic interviewing in child sexual abuse cases: Current techniques and future directions.' *Aggression and Violent Behavior 11*, 3, 195–207.

Dahlgren, S. and Dahlgren Sandberg, A. (2008) 'Referential communication in children with autism spectrum disorder.' *Autism 12*, 4, 335–348.

Department for Children, Schools and Families (2009) *National Curriculum. Fourth Report of Session 2008–09. Volume 1*. London: DCSF. Available at www.educationengland.org.uk/documents/pdfs/2009_CSFC_nationalcurriculum.pdf (accessed June 2013).

Department for Education and Employment (2000) *Sex and Relationship Guidance*. London: DfEE. Available at www.education.gov.uk (accessed April 2013).

Department for Education and Skills (DfES) (2002) *Education Act 2002*. London: HMSO. Available at www.legislation.gov.uk/ukpga/2002/32/pdfs/ukpga_20020032_en.pdf (accessed August 2013).

Department of Health (2013) *Transforming Care: A National Response to Winterbourne View Hospital*. London: DOH.

Department of Health and Department for Children, Schools and Families (2007) *A Transition Guide for All Services: Key Information for Professionals about the Transition Process for Disabled Young People*. London: DH and DCSF. Available at http://dera.ioe.ac.uk/8105/1/transition_guide.pdf (accessed April 2013).

Department of Health and Department for Children, Schools and Families (2008) *Transition: Moving on Well*. London: DH and DCSF. Available at www.bacdis.org.uk/policy/documents/transition_moving-on-well.pdf (accessed April 2013).

Department of Health and Home Office (2000) *No Secrets: Guidance on Developing and Implementing Multi-agency Policies and Procedures to Protect Vulnerable Adults from Abuse*. London: Department of Health and Home Office.

Dominick, K.C., Davis, N.O., Lainhart, J., Tager-Flusberg, H. and Folstein, S. (2007) 'Atypical behaviors in children with autism and children with a history of language impairment.' *Research in Developmental Disabilities 28*, 2, 145–162.

Eaves, L.C. and Ho, H.H. (1996) 'Brief report: Stability and change in cognitive and behavioural characteristics of autism through childhood.' *Journal of Autism and Developmental Disorders 26*, 5, 557–569.

Edelson, S. (2011) 'Autism, puberty and the possibility of seizures.' *Autism Research Unit*. Available at www.autism.com/ind_puberty_seizures.asp (accessed February 2013).

REFERENCES

Eggerding, C. (2010) 'Put sleep difficulties to bed: Advice for parents of children with autism.' Available at www.webmd.com/brain/autism/features/sleep-difficulties-parents-autism (accessed February 2013).

Emerson, E. (2001) *Challenging Behaviour: Analysis and Intervention in People with Learning Disabilities* (2nd edition). Cambridge: Cambridge University Press.

Everett, B. (2007) 'Ethically managing sexual activity in long-term care.' *Sexuality and Disability 25*, 1, 21–27.

Family Law Week (2011) *D Borough Council v AB (2011) EWHC 101 COP*. Available at www.familylawweek.co.uk/site.aspx?i=ed79322 (accessed April 2013).

Family Law Week (2012) *A Local Authority v H (2012) EWHC 49 (COP)*. Available at www.familylawweek.co.uk/site.aspx?i=ed96128 (accessed February 2013).

Family Planning Association (FPA) and Public Health Agency (2010) *Sexual Health and People with Learning Disabilities Factsheet*. Belfast: Family Planning Association.

Fegan, L., Rauch, A. and McCarthy, W. (1993) *Sexuality and People with Disability*. Baltimore, MD: Brookes.

Franklin, A. (2008) 'The participation of disabled children and young people in decision-making.' *Highlight 241*. London: National Children's Bureau.

Garbutt, R. (2008) 'Sex and relationships for people with learning disabilities: A challenge for parents and professionals.' *Mental Health and Learning Disabilities and Practice 5*, 2, 266–277.

Gerhardt, P. (2006) 'Sexuality instruction and autism spectrum disorders.' *Autism-Asperger's Digest*, November–December.

Gerressu, M., Mercer, C.H., Graham, C.A., Wellings, K. and Johnson, A.M. (2008) 'Prevalence of masturbation and associated factors in a British national probability survey.' *Archive of Sexual Behaviour 37*, 2, 266–278.

Gill, K. and Hough, S. (2007) *Sexuality Training, Education and Therapy in the Healthcare Environment: Taboo, Avoidance, Discomfort or Ignorance?* London: Sage.

Goldman, R.L. (1994) 'Children and youth with intellectual disabilities: Targets for sexual abuse.' *International Journal of Disability, Development, and Education 41*, 2, 89–102.

Gray, C. (2000) *The New Social Story Book (Illustrated Edition)*. Arlington, TX: Future Horizons.

Grieve, A., McLaren, S. and Lindsay, W. (2006) 'An evaluation of research and training resources for the sex education of people with moderate to severe learning disabilities.' *British Journal of Learning Disabilities 35*, 1, 30–37.

Hale, C.M. and Tager-Flusberg, H. (2005) 'Social communication in children with autism: The relationship between theory of mind and discourse development.' *Autism 9*, 2, 157–178.

Haracopos, D. and Pedersen, L. (1992) 'Sexuality and autism: Danish report.' *Autism UK Independent*. Available at www.autismuk.com/?page_id=1293 (accessed April 2013).

Hatton, S. and Tector, A. (2010) 'Sexuality and relationship education for young people with autistic spectrum disorder: Curriculum change and staff support.' *British Journal of Special Education 37*, 2, 69–76.

Henderson, M. (2012) 'I love my disabled child – but I'd give my life to make her normal.' *Daily Mail*, 28 November. Available at www.dailymail.co.uk/femail/article-2239513/The-mother-severely-autistic-girl-makes-painfully-honest-confession.html (accessed February 2013).

Hinsburger, D. (1994) 'Masturbation: A consultation for those who support individuals with developmental disabilities.' *Canadian Journal of Human Sexuality 3*, 3, 278–282.

HM Treasury and Department for Education and Skills (2007) *Aiming High for Disabled Children: Better Support for Families*. Available at www.education.gov.uk/publications/eOrderingDownload/PU213.pdf (accessed April 2013).

Hollomotz, A. (2011) *Learning Difficulties and Sexual Vulnerability: A Social Approach*. London: Jessica Kingsley Publishers.

Howard, R. and Hendy, S. (2004) 'The sterilisation of women with learning disabilities – Some points for consideration.' *British Journal of Developmental Disabilities 50*, 99, 133–141.

Howard-Barr, E.M., Rienzo, B.A., Morgan Pigg Jr, R., and James, D. (2005) 'Teacher beliefs, professional preparation and practices regarding exceptional students and sexuality education.' *Journal of School Health 75*, 3, 99–104.

James, E.L. (2011) *Fifty Shades of Grey.* New York: Knopf Doubleday.

Johnson, K., Frawley, P., Hillier, L. and Harrison, L. (2002) 'Living safer sexual lives: Research and action.' *Tizard Learning Review 7*, 1, 4–9.

Kaeser, F. (1996) 'Developing a philosophy of masturbation training for persons with severe or profound mental retardation.' *Sexuality and Disability 14*, 4, 295–308.

Kalyva, E. (2010) 'Teachers' perspectives of the sexuality of children with autism spectrum disorders.' *Research in Autism Spectrum Disorders 4*, 3, 433–437.

Keeling, J. (2006) 'Guides to safe and happy living.' *Times Educational Supplement TES Extra*, June.

Kendall-Tackett, K.A., Williams, L.M. and Finkelhor, D. (1993) 'Impact of sexual abuse on children: A review and synthesis of recent empirical studies.' *Psychological Bulletin 113*, 1, 164–180.

Koller, R.A. (2000) 'Sexuality and adolescents with autism.' *Sexuality and Disability 18*, 2, 125–135.

Kübler-Ross, E. (1969 [updated 2005]) *On Grief and Grieving: Finding the Meaning of Grief Through the Five Stages of Loss.* New York: Simon & Schuster.

Laumann, E.O. (1994) *The Social Organization of Sexuality: Sexual Practices in the United States.* Chicago, IL: University of Chicago Press.

Lesselliers, J. (1999) 'A right to sexuality?' *British Journal of Learning Disabilities 27*, 4, 137–140.

Lesselliers, J. and Van Hove, G. (2002) 'Barriers to development of intimate relationships and the expression of sexuality among people with developmental disabilities: Their perceptions.' *Research and Practice for Person with Severe Disabilities 27*, 1, 69–81.

Lockhart, K., Guerin, S., Shanahan, S. and Coyle, K. (2009) 'Defining "sexualized challenging behaviour" in adults with intellectual disabilities.' *Journal of Policy and Practice in Intellectual Disabilities 6*, 4, 293–301.

McCabe, M.P. (1999) 'Sexual knowledge, experience and feelings among people with disability.' *Sexuality and Disability 17*, 2, 157–170.

McCarthy, M. (1999) *Sexuality and Women with Learning Disabilities.* London: Jessica Kingsley Publishers.

McConkey, R., McAuley, P., Simpson, L. and Collins, S. (2007) 'The male workforce in intellectual disability services.' *Journal of Policy and Practice in Intellectual Disabilities 4*, 3, 186–193.

McGovern, C.W. and Sigman, M. (2004) 'Continuity and change from early childhood to adolescence in autism.' *Journal of Child Psychology and Psychiatry 46*, 4, 401–408.

McVilly, K. (2007) *Positive Behaviour Support for People with Intellectual Disability: Evidence-based Practice, Promoting Quality of Life.* Sydney, Australia: Australian Society for the Study of Intellectual Disability.

Manasco, H. and Manasco, K. (2012) *An Exceptional Children's Guide to Touch: Teaching Social and Physical Boundaries to Kids.* London: Jessica Kingsley Publishers.

Mansell, S., Sobsey, D. and Moskal, R. (1998) 'Clinical findings among sexually abused children with and without developmental disabilities.' *Mental Retardation 36*, 1, 12–22.

Marshall, W.L., Anderson, D. and Fernandez, Y.M. (1999) *Cognitive Behavioural Treatment of Sexual Offenders.* Chichester: Wiley.

Masters, W.H. and Johnson, V.E. (1988) *Sex and Human Loving.* Delhi: Jaico.

REFERENCES

Merrick, M.T., Litrownik, A.J., Everson, M.D. and Cox, C.E. (2008) 'Beyond sexual abuse: The impact of other maltreatment experiences on sexualized behaviors.' *Child Maltreatment 13*, 2, 122–132.

Mitchell, J.E. and Popkin, M.K. (1983) 'Antidepressant drug therapy and sexual function in men: A review.' *Journal of Clinical Psychopharmacology 3*, 2, 76–79.

Morris, J. (2001) '*That Kind of Life?' Social Exclusion and Young Disabled People with High Levels of Support Needs*. London: Scope UK.

Murphy, N. and Young, P. (2005) 'Sexuality in children and adolescents with developmental disabilities.' *Pediatrics 18*, 1, 398–403.

Nario-Redmond, M.R. (2010) 'Cultural stereotypes of disabled and non-disabled men and women: Consensus for global category representations and diagnostic domains.' *British Journal of Social Psychology 49*, 3, 471–488.

Nind, M. and Hewett, D. (2001) *A Practical Guide to Intensive Interaction*. London: David Fulton.

OFSTED (2006) *Sex and Relationships Education in Schools. London: Office for Standards in Education, Children's Services and Skills*. Available at www.ofsted.gov.uk/resources/sex-and-relationships-education-schools (accessed July 2013).

Parsons, T. (1951) *The Social System*. London: Routledge.

Patti, P.J. (1995) 'Sexuality and sexual expression in persons with mental retardation.' *SIECUS Report 23*, 17–23.

Premack, D.G. and Woodruff, G. (1978) 'Does the chimpanzee have a theory of mind?' *Behavioral and Brain Sciences 1*, 4, 515–526.

Ray, F., Marks, C. and Bray-Garretson, H. (2004) 'Challenges to treating adolescents with Asperger's syndrome who are sexually abusive.' *Sexual Addiction and Compulsivity 11*, 265–285.

Realmuto, G.M. and Ruble, L.A. (1999) 'Sexual behaviours in autism: Problems of definition and management.' *Journal of Autism and Developmental Disorders 29*, 2, 121–127.

Reiter, L. (1989) 'Sexual orientation, sexual identity and the question of choice.' *Clinical Social Work Journal 17*, 2, 138–150.

Ruble, L.A. and Dalrymple, N.J. (1993) 'Social/sexual awareness of persons with autism: A parental perspective.' *Archives of Sexual Behavior 22*, 3, 229–240.

Russell, D.E.H. (1998) *Dangerous Relationships: Pornography, Misogyny, and Rape*. Thousand Oaks, CA: Sage.

Schopler, E., Reicher, R. and Renner, B. (1986) *The Childhood Autism Rating Scale (CARS): For Diagnostic Screening and Classification of Autism*. New York: Irvington.

Scott, S., Jackson, S. and Backett-Milburn, K. (1998) 'Swings and roundabouts: Risk anxiety and the everyday worlds of children.' *Sociology 32*, 4, 689–705.

Shakespeare, T., Gillespie-Sells, K. and Davies, D. (1996) *The Sexual Politics of Disability: Untold Desires*. London: Cassell.

Simpson, A., Lafferty, A. and McConkey, R. (2006) *Out of the Shadows: A Report of the Sexual Health and Wellbeing of People with Learning Disabilities in Northern Ireland*. Belfast: Family Planning Association.

Sinson, J.C. (1995) *Care in the Community for Young People with Learning Disabilities: The Client's Voice*. London: Jessica Kingsley Publishers.

Social Care Association (undated) *Adult Relationships for People with Learning Difficulties*. New Malden, UK: Social Care Association.

St John's Ambulance Service (2013) 'Seizures in adults.' Available at www.sja.org.uk/sjafirst-aid-advice/head-injuries-and-seizures/seizures.aspx (accessed April 2013).

Stanfield, J. (undated) 'Circles Curriculum.' Available at www.stanfield.com/products/family-life-relationships/social-skills-circles-curriculum-intimacy-relationships (accessed April 2013).

Sterling-Turner, H.E. and Jordan, S. (2007) 'Interventions addressing transition difficulties for individuals with autism.' *Psychology in the Schools 44*, 7, 681–690.
Stokes, M. and Kaur, A. (2005) 'High-functioning autism and sexuality: A parental perspective.' *Autism 9*, 3, 266–289.
Stokes, M., Newton, N. and Kaur, A. (2007) 'Stalking, and social and romantic functioning among adolescents and adults with autism spectrum disorder.' *Journal of Autism and Developmental Disorders 37*, 10, 1969–1986.
Sullivan, A. and Caterino, L.C. (2008) 'Addressing the sexuality and sex education of individuals with autism spectrum disorders.' *Education and Treatment of Children 31*, 3, 381–394.
Sullivan, P.M. and Knutson, J.F. (2000) 'Maltreatment and disabilities: A population-based epidemiological study.' *Child Abuse and Neglect 24*, 10, 1257–1273.
Swango-Wilson, A. (2008) 'Caregiver perception of sexual behaviors of individuals with intellectual disabilities.' *Sexuality and Disability 26*, 2, 75–81.
Szollos, A.A. and McCabe, M.P. (1995) 'The sexuality of people with mild intellectual disability: Perceptions of clients and caregivers.' *Australia and New Zealand Journal of Developmental Disabilities 20*, 3, 205–222.
Tang, S.S.S., Freyd, J.J. and Wang, M. (2007) 'What do we know about gender in the disclosure of child sexual abuse?' *Journal of Psychological Trauma 6*, 4, 1–26.
Tarnai, B. and Wolfe, P. (2008) 'Social stories for sexuality education for persons with autism/pervasive developmental disorder.' *Sexuality and Disability 26*, 1, 29–36.
Tissot, C. (2009) 'Establishing a sexual identity: Case studies of learners with Autism and learning difficulties.' *Autism 13*, 6, 551–566.
Travers, J. and Tincani, M. (2010) 'Sexuality education for individuals with autism spectrum disorders: Critical issues and decision making guidelines.' *Education and Training in Autism and Developmental Disabilities 45*, 2, 284–293.
Valios, N. (2002) 'Learning to love safely.' *Community Care 1415*, 32–33.
Van Bourgondien, M., Reichle, N. and Palmer, A. (1997) 'Sexual behavior in adults with autism.' *Journal of Autism and Developmental Disorders 27*, 2, 113–125.
Vaughn, B.J., White, R., Johnston, S. and Dunlap, G. (2005) 'Positive behavior support as a family-centered endeavor.' *Journal of Positive Behavior Interventions 7*, 1, 55–58.
Walker-Hirsch, L. and Champagne, M.P. (1991) 'The Circles Concept: Social competence in special education.' *Education Leadership 49*, 1, 65. Available at www.ascd.org/ASCD/pdf/journals/ed_lead/el_199109_walker-hirsch.pdf (accessed June 2013).
Watson, S., Venema, T., Molloy, W. and Reich, M. (2002) 'Sexual Rights and Individuals Who Have a Developmental Disability.' In D. Griffiths, D. Richards, P. Fedoroff and S. Watson (eds) *Ethical Dilemmas: Sexuality and Developmental Disability.* Kingston, NY: NADD Press.
Wilson, N., Parmenter, T., Stancliffe, R. and Shuttleworth, R. (2009) *Conditionally Sexual: Constructing the Sexual Health Needs of Men and Teenage Boys with Moderate to Profound Intellectual Disability.* Sydney, NSW: University of Sydney.
Wing, L. (1981) 'Sex ratios in early childhood autism and related conditions.' *Psychiatry Research 5*, 2, 129–137.
Wolfensberger, W. (1972) *The Principle of Normalization in Human Services.* Toronto: National Institute on Mental Retardation.
World Health Organization (1992) *International Classification of Diseases* (ICD-10). Geneva: WHO.
World Health Organization (2004) 'Sexual health – a new focus for WHO.' *Progress in Reproductive Health Research 64*. Available at www.redactivas.org/media/uploads/public/1_Sexual_health_a_new_focus_for_WHO.pdf (accessed April 2013).

訳者あとがき

　本書の出版が決まったものの、実際に翻訳を進めていく段階で、果たしてこの本が日本の読者の方々に受け入れられるのか私は不安になりました。それは、書かれている内容が大変直接的で詳細であるため「性とはあからさまに語るものではなく秘めておくべきものだ」という感覚で育ってきた私を含む多くの日本人が抵抗感を抱くのではないか、「ここまでの内容はうちの子どもや生徒に必要ない」と批判が出るのではないか、という気がしたからです。しかし、原著者のレイノルズ氏も指摘している通り、重度自閉症児が性に関する知識を友だちやオンライン情報を通して「密かに」得ることは非常に難しく、また、性について正しく学んだり、教えてもらったりするための情報源が、きわめて不足しているのが現実です。この状況を少しでも改善するためには、このくらいはっきりと書かれた情報を表に出さないと重度自閉症の人たちの「性の権利」は守られないという思いを強くし、この度の出版に至りました。

　私が勤務するボストン東スクールには自閉症の児童・生徒が160名近く在籍しています。自分の大便や生理の経血を手で壁に塗りたくったり、公の場所で性的な行動を示したりするなどの事例があります。また、公共の場で家族用トイレが設置されていない場合、異性の親がある程度大きくなった子どもの用足しについて行けない、子どもがきちんと用を足してトイレから出てくるか心配、といった保護者の不安も多く聞きます。

　本書には、そのような悩みに対処するための方法が、明白なことばで書かれています。最も大切なことは、本書で得たアドバイスを何度も根気よく試すことです。必要ならば子どもに合わせて微調整をすることや、子どもに関わる家族、専門家と情報を共有し、全員が同じアプローチを取ることも重要です。

　軽度〜中度自閉症児にも応用できる内容が多く含まれています。専門文献のように情報源が文末に明らかに示されていますので、この分野の学生や研究者にも役立てていただけるものと信じております。ある自閉症者にソーシャルスキルを教えている私の実際の経験から、68ページに出ている「人との関係の輪」の図

がとても役立つことも付け加えさせていただきます。

　レイノルズ氏も強調しているように、何か問題が起きるまで待つのではなく、早めに性教育に取り組み、「よい型作り」をしておくことを強くお勧めします。人間の行動は変わります。変えられます。したがって、本書をいつも手の届く場所に置いて、必要な時に必要な項目を見つけて活用していただければこの上なく幸いです。

　最後に、私の拙訳に適切な、時に厳しいアドバイスをくださいました日本福祉大学教授の木全和巳氏、休む間もなくいつもお仕事に励んでいらっしゃるクリエイツかもがわの田島英二さんとスタッフのみなさまに心よりお礼を申し上げます。

2019年7月　森　由美子

●著者
ケイト・レイノルズ（Kate E. Reynolds）
イギリスの国立衛生局に 18 年勤め、そのうちの 7 年は臨床看護師、上級カウンセラー、スタッフの指導者として、エイズや性教育の分野で活躍。2 人の自閉症スペクトラム障害の子どもがいるが、その内の 1 人には発達遅延と知的障害も見られる。性教育や自閉症、発達遅延に関する数々の本をジェシカ・キングズリー出版より出している。研究者、講演者として、2016 年には議員連盟の会合で、性教育と障害について講演をした。その後も、保護者や支援者に向けて、幅広く講演活動を行なっている。イギリスのウィルトシェア在住。

●訳者
森 由美子（もり ゆみこ）
　福岡市生まれ。聖心女子大学文学部教育学科（心理学専攻）卒業。2002 年米国マサチューセッツ州フィッチバーグ・ステート・カレッジ大学院にてカウンセリング心理学の修士号を取得。卒業後、自閉症児・者を専門に教育するインターナショナル・スクール、ボストン東スクールに勤務。IEP（個人別教育プログラム）のコーディネート、異文化交流に関する仕事を経て、現在は同スクールのリサーチ部門に所属。監修・翻訳書にスティーブン・ショア著『壁のむこうへ』（学習研究社）、スティーブン・ショア編著『自閉症スペクトラム 生き方ガイド』（クリエイツかもがわ）、レベッカ・モイズ著『自閉症スペクトラム 学び方ガイド』（同）、牧純麗著『お兄ちゃんは自閉症』（同）、ゲイル・ホーキンズ著『発達障害者の就労支援ハンドブック』（同）、ニッキー・ジャイアント著『ネット・セーフティー』（同）。

自閉症スペクトラム障害の性支援ハンドブック
──障害が重い人のセクシュアリティ

2019 年 10 月 31 日　初版発行

著　者●ⓒケイト・レイノルズ
訳　者●森　由美子

発行者●田島英二
発行所●株式会社 クリエイツかもがわ
　　　〒 601-8382　京都市南区吉祥院石原上川原町 21
　　　電話 075(661)5741　FAX 075(693)6605
　　　ホームページ　http : //www.creates-k.co.jp
　　　郵便振替　00990-7-150584

印刷所●モリモト印刷株式会社

ISBN978-4-86342-265-0 C0037　printed in japan

本書の内容の一部あるいは全部を無断で複写（コピー）・複製することは、特定の場合を除き、著作者・出版社の権利の侵害になります。

好評既刊本

本体価格表示

あたし研究　自閉症スペクトラム～小道モコの場合　1800円
あたし研究2　自閉症スペクトラム～小道モコの場合　2000円
小道モコ／文・絵

自閉症スペクトラムの当事者が「ありのままにその人らしく生きられる」社会を願って語りだす―知れば知るほど私の世界はおもしろいし、理解と工夫ヒトツでのびのびと自分らしく歩いていける！

行動障害が穏やかになる「心のケア」
障害の重い人、関わりの難しい人への実践　　藤本真二／著　　**2刷**

●「心のケア」のノウハウと実践例
感覚過敏や強度のこだわり、感情のコントロール困難など、さまざまな生きづらさをかかえる方たちでも心を支えれば乗り越えて普通の生活ができる──。　　2000円

発達障害者の就労支援ハンドブック
ゲイル・ホーキンズ／著　森由美子／訳　　**付録：DVD**

長年の就労支援を通じて92％の成功を収めている経験と実績の支援マニュアル！　就労支援関係者の必読、必携ハンドブック！「指導のための4つの柱」にもとづき、「就労の道具箱10」で学び、大きなイメージ評価と具体的な方法で就労に結びつける！　　3200円

発達障害のバリアを超えて　新たなとらえ方への挑戦
漆葉成彦・近藤真理子・藤本文朗／編著

本人と親、教育、就労支援、医療、研究者と多角的な立場の視点で課題の内実を問う。マスコミや街の中であふれる「発達障害」「かくあるべき」正解を求められるあまり、生きづらくなっている人たちの「ほんとのところ」に迫る！　　2000円

何度でもやりなおせる
ひきこもり支援の実践と研究の今
漆葉成彦・青木道忠・藤本文朗／編著

ひきこもりの人の数は100～300万人と言われ、まさに日本の社会問題。
ひきこもり経験のある青年、家族、そして「ともに歩む」気持ちで精神科医療、教育、福祉等の視点から支援施策と問題点、改善と充実をめざす課題を提起。　　2000円

〈しょうがい〉と〈セクシュアリティ〉の相談と支援
木全和巳／著

保護者、学校の教員、施設職員などからの相談事例を通して、すぐに解決できる「手立て」だけではなく、当事者の視点に立ちながら、「どうみたらよいのか」という「見立て」と「共感的理解」を学びあおう。　　1800円

生活をゆたかにする性教育
障がいのある人たちとつくるこころとからだの学習　　**3刷**

千住真理子／著　伊藤修毅／編

子どもたち・青年たちは自分や異性のこころとからだについて学びたいと思っています。学びの場を保障し、青春を応援しませんか。障がいのある人たちの性教育の具体的な取り組み方を、実践例と学びの意義をまじえて、テーマごとに取り上げます。　　1500円

http://www.creates-k.co.jp/

好評既刊本

本体価格表示

ユーモア的即興から生まれる表現の創発
発達障害・新喜劇・ノリツッコミ
赤木和重／編著

付録：DVD

ユーモアにつつまれた即興活動のなかで、障害のある子どもたちは、新しい自分に出会い、発達していきます。「新喜劇」や「ノリツッコミ」など特別支援教育とは一見関係なさそうな活動を通して、特別支援教育の未来を楽しく考える1冊。 2400円

キミヤーズの教材・教具　知的好奇心を引き出す
村上公也・赤木和重／編著

 付録：DVD

子どもたちの知的好奇心を引き出し、教えたがりという教師魂を刺激する、そして研究者がその魅力と教育的な本質を分析・解説。仲間の教師や保護者が、授業で実際に使った経験・感想レビューが30本。 2800円

特別支援教育簡単手作り教材BOOK
ちょっとしたアイデアで子どもがキラリ☆
東濃特別支援学校研究会／編著

授業・学校生活の中から生まれた教材だから、わかりやすい！すぐ使える！「うまくできなくて困ったな」「楽しく勉強したい」という子どもの思いをうけとめ、「こんな教材があるといいな」を形にした手作り教材集。 1500円

教室で使える発達の知識
発達が凸凹の子どもたちへの対応
山田章／著

専門家でなくても観察でできるアセスメントと支援。
失敗しないオプションがたくさんあり、よくわかる「発達の凸凹タイプ一覧表」「発達の凸凹発見ツール」掲載。 2000円

自立と希望をともにつくる　特別支援学級・学校の集団づくり
湯浅恭正・小室友紀子・大和久勝／編著

キャリア発達、自立をめざしたスキル形成に重点を置く実践が多い中で、人やモノに積極的に働きかけ、希望をもって生きる力を育てようとする、子どもたちの自立への願いを理解し、希望を紡ぐ集団づくりをどう進めるか、その実践的展望を考える。 1800円

思春期をともに生きる　中学校支援学級の仲間たち
加藤由紀／著　越野和之・大阪教育文化センター／編

葛藤と選択の主体は子どもたち！　同じ"ワケあり"の仲間の中で、お互いの強みも苦手も了解しあい、"自分"を見出す子どもたち。その自信を支えに、それぞれの課題に向き合っていく。 2000円

新版・キーワードブック特別支援教育
インクルーシブ教育時代の基礎知識
玉村公二彦・黒田学・向井啓二・平沼博将・清水貞夫／編

「学習指導要領」改訂に伴い大幅改訂！　特別支援教育の基本的な原理や制度、改革の動向や歴史、子どもの発達や障害種別による支援など、基本的な知識を学ぶ。教員をめざす人や特別支援教育をさらに深めたい人へ、特別支援教育学、心理学、福祉学、歴史学のテキストとして最適。 2800円

http://www.creates-k.co.jp/

好評既刊本

本体価格表示

よくわかる子どものリハビリテーション
栗原まな／著

子どものリハビリテーション基礎知識の入門書　リハビリを必要とする子どもの家族、施設や学校関係者などの支える人たちへ、検査方法やどんなスタッフがどのように関わるか、疾患別にみたリハビリテーションなど、基礎的な知識をやさしく解説。

1400円

輝いて生きる　高次脳機能障害当事者からの発信
橋本圭司／編著　石井雅史、石井智子／執筆

夢中になれるものをもてるようになると、人は生きいきしてくる―。
ゆっくりと前進する当事者と家族の思い・願い。ご本人の言葉からどのように悩み、感じているかが伝わってきます。

1300円

よくわかる子どもの高次脳機能障害
栗原まな／著

2刷

高次脳機能障害の症状・検査・対応法がわかりやすい！　ことばが出てこない、覚えられない…わたしは何の病気なの？　目に見えにくく、わかりにくい高次脳機能障害、なかでも子どもの障害をやさしく解説。巻頭12頁は子どもも読める事例（総ルビ）。

1400円

わかってくれるかな、子どもの高次脳機能障害
発達からみた支援　　太田令子／編著

2刷

実生活の格闘から見える子どもの思い、親の痛み―。困りごとって発達段階で変わってきますよね。その行動の背景に、なにがあるのかに目を向けると、障害によっておこる症状だけでなく、子どもの思いが見えてきます。子育てに迷うみなさんへヒントいっぱいの1冊。

1500円

読んで、見て、理解が深まる「てんかん」入門シリーズ　（公社）日本てんかん協会／編

❶　てんかん発作 こうすればだいじょうぶ　改訂版　…発作と介助
川崎淳／著

 4刷

てんかんのある人、家族、支援者の "ここが知りたい" にわかりやすく答える入門書。各発作の特徴や対応のポイントを示し、さらにDVDに発作の実際と介助の方法を収録。

2000円　**DVD付き**

❹　最新版　よくわかる てんかんのくすり
小国弘量／監修

 2刷

これまで使われているくすりから、最新のくすりまでを網羅。くすりがどのような作用で発作を抑えるのかをていねいに解説。

1200円

❺　すべてわかる こどものてんかん
皆川公夫／監修・執筆

 改訂版

てんかんってなあに？　から、検査、治療、介助、生活の中での注意点など、知っておきたいテーマをすっきり整理！　やさしく解説！

1300円

MOSESワークブック　てんかん学習プログラム
MOSES企画委員会／監修　井上有史・西田拓司／翻訳

てんかんのある人が一人で読むのではなく、病気の知識や向き合う方法を、他の患者さんや関心のある人、トレーナーと意見交換をしながら学ぶ、トレーニングテキスト。

2000円

http://www.creates-k.co.jp/

好評既刊本　　　　　　　　　　　　　　　　　　　　　　　　　　本体価格表示

子ども理解からはじめる感覚統合遊び
保育者と作業療法士のコラボレーション
加藤寿宏／監修　高畑脩平・萩原広道・田中佳子・大久保めぐみ／編著

保育者と作業療法士がコラボして、保育・教育現場で見られる子どもの気になる行動を、感覚統合のトラブルの視点から10タイプに分類。その行動の理由を理解、支援の方向性を考え、集団遊びや設定を紹介。　　　　　　　　　　　　　　　　1800円

乳幼児期の感覚統合遊び　保育士と作業療法士のコラボレーション
加藤寿宏／監修　高畑脩平・田中佳子・大久保めぐみ／編著

「ボール遊び禁止」「木登り禁止」など遊び環境の変化で、身体を使った遊びの機会が少なくなったなか、保育士と作業療法士の感覚統合遊びで、子どもたちに育んでほしい力をつける。　　　　　　　　　　　　　　　　　　　　　　　　　　　　　1600円

学童期の作業療法入門
学童保育と作業療法士のコラボレーション
小林隆司・森川芳彦・河本聡志・岡山県学童保育連絡協議会／編著

作業療法とは何かから感覚統合の理論をわかりやすく解説、作業療法の「感覚遊び、学習、生活づくり」で新たな学童保育の実践を拓く！　　　　　　　　　　1800円

福祉事業型「専攻科」エコールKOBEの挑戦
岡本正・河南勝・渡部昭男／編著

障害のある青年も「ゆっくりじっくり学びたい、学ばせたい」願いを実現した学びの場「専攻科」、ゆたかな人格的発達をめざす先駆的な実践。高等部卒業後、就職か福祉就労の2つしかなかった世界で生まれた、新たな「学びの場」＝「進学」という第3の選択肢。その立ち上げと運営、実践内容のモデル的な取り組み。　　　　　　　　　　2000円

障がい青年の大学を拓く　インクルーシブな学びの創造
田中良三・大竹みちよ・平子輝美・法定外見晴台学園大学／編著

発達・知的障がい青年のために開かれた大学づくりのもとで本物の学びにふれ、友だちをつくり、青春を謳歌する学生たちと直接、障がい者に関わりのなかった教授陣の類いまれな授業実践！　　　　　　　　　　　　　　　　　　　　　　　　2000円

知的障害者の大学創造への道
ゆたか「カレッジ」グループの挑戦
長谷川正人／著　田中良三・猪狩恵美子／編　社会福祉法人鞍手ゆたか福祉会／協力

アメリカの知的障害者の大学受け入れと実情を紹介！　高校卒業後、ほとんどが大学へ進学する時代…障害者も大学で学ぶ可能性と必要性を明らかにする。　　2000円

知的障害者の若者に大学教育を
米・欧・豪・韓9か国20大学の海外視察から
ゆたかカレッジ・長谷川正人／編著

諸外国では障害者に履修コースを開設している大学も少なくない。日本の高等教育も知的障害者への門戸を開くとき！　　　　　　　　　　　　　　　　　　　　2000円

http://www.creates-k.co.jp/